はじめに

身近な食材でおいしいお菓子ができた時、知らなかった使い方を知った時、なんだか得した気分になり誰かに伝えたくなりませんか？

私の場合、レモンがまさにそれでした。

パリで酸味と甘みのバランスが絶妙なレモンタルトを食べた時、1年中スーパーで手に入る食材でこれだけおいしいお菓子ができるのかと驚き、それをきっかけに、気づけばパティスリーではいつもレモンのお菓子に手がのびている自分がいました。

そして帰国後、香り豊かでまろやかな酸味の国産レモンに出合い、その畑を一目見たいとしまなみ海道まで足を運んだのでした。

毎年レモンの季節になると、レッスンでレモン丸ごと1個を皮のまま使った自家製レモネードをお出しすることが定番となりました。

お菓子だけでなく飲み物や料理まで幅広く使え、ほかの食材との相性も抜群、主役にも脇役にもなれるレモンは、知れば知るほど奥が深い食材です。

本書ではそんなレモンを使ったお菓子を、パリで学んだフランス菓子のテクニックとともに、家庭でも作りやすいレシピでご紹介しています。

今回のレモンのお菓子が、誰かに伝えたい、誰かと食べたい、"会話が弾むお菓子"の一つになれたら嬉しいです。

加藤里名

Contents

2 はじめに

レモンタルト

8 私のレモンタルト
Process 1 レモンカードを作る
Process 2 タルトを作る
Process 3 イタリアンメレンゲを作る
Process 4 仕上げる

レモンで作るクッキー

24 レモンとシュガーのクッキー
25 レモンのアイシングクッキー
27 クッキー生地の作り方
28 レモンとホワイトチョコレートのスノーボール
30 レモンとポピーシードのショートブレッド
31 レモンピールのディアマン
33 ショートブレッド生地の作り方
34 レモンのメレンゲ
36 レモンと紅茶の絞り出しクッキー
38 レモンジャム

40 レモンの楽しみ方

レモンで作る焼き菓子

50 レモンケーキ
52 パウンド生地の作り方
53 シトロネット
54 レモンピールとチョコレートのクグロフ
56 ラベンダーとレモンのパウンドケーキ
58 はちみつレモンマドレーヌ
60 レモンカードのヴィクトリアケーキ
62 レモンとマスカルポーネクリームのカップケーキ
64 レモンとラズベリーのホワイトブラウニー
66 レモンとブルーベリーのスコーン
68 レモンピール

レモンで作るおもてなしお菓子

- 72 レモンカードとメレンゲのショートケーキ
- 74 スポンジ生地の作り方
- 76 レモンのロールケーキ
- 78 ビスキュイ生地の作り方
- 80 レモンのスフレ
- 82 レモンのリコッタベイクドチーズケーキ
- 84 レモンのダクワーズ
- 86 レモンのムース
- 88 レモンのミルフィーユ
- 90 ガレットブルトンヌで作るレモンとベリーのミニタルト
- 92 レモンのマカロン
- 94 レモンソースのクレープ
- 96 塩レモンのコンフィ

冷たいレモンスイーツ

- 100 レモンカードのクレームダンジュ
- 102 レモンのソルベ
- 103 レモンのかき氷
- 104 レモンのババロア
- 106 ババロアの作り方
- 107 レモンのパブロバ
- 108 レモンのヌガーグラッセ
- 110 レモネード

週末レモンごはん

- 114 レモンとチキンのキッシュ
- 116 レモンのスモーブロー
- 118 レモンのケークサレ
- 120 レモンオムレツ
- 121 塩レモンと鯛のカルパッチョサラダ
- 122 レモンのタルトフランベ
- 124 レモンのスープ

レモンノート

- 22 瀬戸内レモン巡り
- 48 レモンのお菓子とレモンのかたちの関係
- 70 聖なる果物 "La Main de Bouddha"
- 98 パリのカフェ事情 "今と昔"
- 112 地中海のレモン
- 126 パリのレモン散策

お菓子を作る前に

上質な素材、そのお菓子にあったお気に入りの食材を使います。

国産のノンワックスのレモンを使い、
手に入らないときはP.43を参照し、外国産のレモンを処理して使います。

材料はあらかじめスケールで計量してから作業をはじめます。

材料はレシピ内の指示に従い、適温にして使います。

粉類、粉糖はあらかじめふるっておきます。

オーブンは予熱しておきます。

この本のルール

○ 分量は基本的にg表示です。
レモンはMサイズ（全果100g・果汁40g）、
卵はMサイズ（全卵50g・卵黄20g・卵白30g）、
バターは無塩バター、指示のない生クリームは乳脂肪分36％を使用します。

○ オーブンの予熱温度は実際に焼くときの温度より10度高く設定します。
クッキー生地と天板に絞る生地の場合は、天板を入れずに予熱し、それ以外は天板ごと予熱します。
本書では電気オーブンを使用した場合の焼き時間と温度を記載しています。
熱源や機種により差があるので、ご自身のオーブンで調整してください。

○ 本書と違うサイズの焼き型で作ることも可能です。
型に水を入れて容量をはかり、容量比をもとに分量を割り出します。
設定温度は変えず、指示した生地の状態になるまで、焼き時間を長短させて焼き上げます。

参考
パウンド生地　　18cm×8.5cm×5.5cmパウンド型1台分＝600mℓ
スポンジ生地　　15cm丸型1台分＝700mℓ
クグロフ　　　　18cmクグロフ型1台分＝1100mℓ

15cm丸型＝700mℓを18cm丸型＝1200mℓに変更する場合
1200mℓ÷700mℓ＝1.71容量比 → 卵50g×1.71＝86g

本書中の人は、お菓子作りの難易度を表します。
人 初級者向き　　人人 中級者向き　　人人人 上級者向き

私の作るレモンタルトは
酸味と甘みのバランスを意識したレモンタルトです

以前は意識していなかったレモンタルト。
ある日、パリのパティスリーで食べた、キリリと酸味が引き立つなめらかなレモンカードに魅了され、すっかりお気に入りのお菓子となりました。
レモンタルトのおいしさに目覚めて以来、パティスリーをのぞくと、どんな小さなパティスリーにも必ずレモンタルトが置いてあることに気づきました。
フランス人にとってレモンタルトは欠かせないお菓子なのだなと知って、パリジェンヌに、なぜレモンタルトがフランス人に愛されているのかと質問してみたことがあります。すると、自分にぴったりのレモンタルトを見つけるとそのお店は自分にとっておいしいお店といえてパティスリー選びの手がかりになるからだという返事がかえってきたのです。
――レモンカードのみで作られる酸味強めのレモンタルト、レモンカードを涙の形に絞り出したレモンタルト、メレンゲをデコレーションし甘さと調和させたレモンタルト、デザート仕立てのレモンタルト――
様々なレモンタルトを食べ歩き私が行き着いたのは、酸味と甘みのバランスを意識したレモンタルトでした。
レモンタルトを家庭で作るときのポイントは、なんといってもレモンカードの作り方にあります。レモン汁を多めに、レモンの皮もたっぷりと削り、そしてお砂糖を控えめに。コーンスターチなどは入れずバターのみでなめらかなカードに仕上げます。このレモンカードと、サクサクのタルト生地とメレンゲの甘さでバランスをとって仕上げたレモンタルトは、パリジェンヌからもおいしいと太鼓判をいただきました。
酸味と甘みのバランスを意識することは、様々なお菓子を作る際の私の指標となっています。

私のレモンタルト 　作り方→ P.12-21

Process 1　レモンカードを作る

18cmタルト型1台分
できあがり約370g
作業30分
材料
全卵　110g
グラニュー糖　80g
レモン汁　120g
レモンの皮のすりおろし　約3個分
バター　110g

＋材料は常温に戻す。

● グラニュー糖と卵を合わせる

1 ボウルに全卵とグラニュー糖を入れ、グラニュー糖のザラザラ感がなくなるまで泡立て器ですり混ぜる。

● レモン汁を温める

2 レモン汁とレモンの皮を鍋に入れ、縁が小さくふつふつするまで中火にかける。

● 混ぜ合わせる

3 1のボウルに糸をたらすように2のレモン汁を少しずつ加え、同時に泡立て器でよく混ぜる。

notes
レモン汁の鍋に、卵を直接入れないこと。レモン汁が熱いので、卵が煮えてしまうので注意します。

レモンカードはイギリス生まれの保存食です。
家庭で作られ、パンやスコーンに合わせて楽しまれています。
市販品も売られていますが、手作りはおいしさも格別です。
手作りのレモンカードは1週間ほどで使い切ってください。

○ 濾す

4 鍋に **3** を戻し、ふたたび中火にかけて混ぜ続け、ふつふつしてからさらに1分間混ぜ、ボウルに移す。
notes
卵が固まらないようにかき混ぜ続けます。

5 人肌より少し温かくなるまで冷まし、バターを3回に分けて加える。毎回バターの固まりがなくなり、なめらかになったら次のバターを加え、ツヤのあるなめらかなクリームになるまで混ぜる。
notes
卵が熱いうちにバターを加えると、バターの固まる強さが弱まり、レモンカードが固まりにくくなるので、温度を下げて作業します。

6 レモンカードを濾し、室温(約20度)になるまで冷ます。

Process 2 タルトを作る

◎ すり合わせる

1 粉類、冷たいバターをフードプロセッサーに入れ、バターの固まりがなくなり、粉々になるまで砕く(a)。フードプロセッサーがない場合はボウルに同じ材料を入れ、指先で粉とバターすり合わせるようにして粉々にしていく(b)。

フードプロセッサーがあれば5分でできてしまうサクサクのタルト生地は、
自宅で復習しやすく、レッスンでも人気です。
焼きあがりにホワイトチョコレートを塗るのはパリのパティスリーで働いていたときに覚えたテクニック。
チョコレートは水分を通さないので、タルト生地は時間がたってもサクサクです。

18cmタルト型1台分
作業15分　焼き時間25分
材料
粉類（薄力粉100g、粉糖30g、塩0.5g、アーモンドパウダー15g）
バター　60g
全卵　20g
バニラエッセンス　少々
ホワイトチョコレート　50g

✚ バターは1cm角に切り、冷蔵庫で冷やしておく。
✚ ホワイトチョコレートは溶かしておく。

○ 混ぜる

2 ボウルに1を移し、溶いた卵、バニラエッセンスを粉類の真ん中に流し、手でまんべんなくかき混ぜる。

3 手のひらで押すようにまとめる。
notes
粉っぽさがなくなればOK。混ぜすぎないこと。

4 生地を一つにまとめてビニール袋に入れ、1時間以上冷蔵庫で休ませる。
notes
1日休ませると生地がよりなじみます。

Process 2 タルトを作る

○ のばす

1 台に打ち粉をし、寝かしておいた生地をとりだし、指の跡がつくまで麺棒で丸くたたきのばす（a, b）。
2 生地の上半分をのばし、麺棒を真ん中に戻してから下半分をのばす（c, d, e）。
3 生地を90度回転させ、同様にのばしながら、タルト型より一回り大きい、厚さ3mmに丸くのばす（f）。

notes
台に生地が貼りつかないよう、毎回、両面に打ち粉をふります。
生地の両端に、3mmの厚さのカットルーラーを置いておくと、3mmの厚さにのばしやすい。

○ **敷く**

1 生地を型に敷き、側面と角を手でおさえてはりつける(a, b)。
2 麺棒をころがし、余分な生地を切りおとし(c)、型より少し高くなるようタルト型にはりつける(d)。
3 フォークで底にまんべんなく穴をあける(e)。
4 オーブンシートを敷き、タルトストーンをのせ(f)、170度のオーブンで20分、タルトストーンを外しさらに5分、両面がキツネ色になるまで焼く。焼きあがったら型を外し、網の上で冷ます。

notes
生地が温まり、扱いにくくなったら、毎回、冷蔵庫で冷やします。

Process 3　イタリアンメレンゲを作る

18cmタルト型1台分
作業20分
材料
卵白　45g
グラニュー糖　7g
シロップ（水30g、グラニュー糖75g）

● メレンゲを立てる

1 ハンドミキサーで卵白に跡がつくまで泡立て、グラニュー糖7gを加えて混ぜ、角が立つまで泡立てる。

● シロップを作る

2 鍋にシロップ用の水とグラニュー糖75gを加えて117度になるまで煮詰める。

notes
200度計で温度を測ります。または冷水を入れたコップにシロップをスプーンでおとした際に、冷水の中でシロップがやわらかいボールになるまで熱します。

泡立てた卵白にシロップを加え混ぜ、イタリアンメレンゲを作ります。
難易度が少し高くなりますが、
安定した泡とツヤがあるメレンゲを作ることができ、そして焼き色もきれいにつき、
レモンカードの酸味を引き立たせる甘さに仕上がります。

● 合わせる

● 完成

3 117度になったシロップを、糸をたらすように少しずつメレンゲに加え、ハンドミキサーの中速で泡立てる。

4 メレンゲが常温に冷めるまで高速で泡立て続ける。
notes
ツヤが出て、角が立つまで泡立てます。

Process 4　仕上げる

1 粗熱をとったタルト(P.14)の内側に、湯煎で溶かしたホワイトチョコレートを薄く刷毛で塗る。

2 冷ましたレモンカード(P.12)を、タルトの8分目まで流し込み、冷蔵庫で冷やし固める。

3 レモンカードが固まったらスプーンでイタリアンメレンゲ(P.18)を盛りつける。

4 バーナーで焦げ目をつける。バーナーがない場合は、230度に温めたオーブンで約5分間焼き、焼き目をつける。

フィリングがなめらかなので、
食べる直前まで冷蔵庫に入れ、しっかり冷やし、
レモンの皮の細切りをちらして仕上げます。

レモンノート ❶

瀬戸内レモン巡り

近頃スーパーでも手に入れることができる国産レモン。人気の決め手は、外国のレモンに比べ国産レモンがノンワックスで特別栽培のものが多く、レモン丸ごとを安全に楽しむことができるからでしょうか。

レモンは酸味を出すための果汁はもちろん、黄色い皮の部分からは香り、そしてレモンの葉でさえも、牛乳などの液体に香りを移すことによって、丸ごと香りを楽しむことができます。できるだけ化学的なものが入っていないレモンを使いたいものです。

国産レモンの産地で有名な広島県。広島県尾道市と愛媛県今治市を結ぶしまなみ海道の途中、生口島にはレモン畑が広がります。

以前、生口島に足を運んだのは9月でした。

生口島と隣の大三島を繋ぐ多々羅大橋のふもとには一面レモン畑があり、レモン谷と呼ばれています。

まだレモンの収穫の季節ではありませんでしたが、島にたどり着くと、大きな実になろうとしているグリーンレモンが一面に広がっているのを目にしました。

本州より降水量が少なく温暖な気候、そしてなだらかな傾斜に生えるレモンの木は、太陽をいっぱいに浴び、少し地中海に似た気候の中で大きなレモンの実となるのだと感じた記憶があります。

産地を実際に訪れ、現地の方からのお話や気候を思い出しながらレシピを書くと、レモンの使い方も変わりそうです。

レモンで作るクッキー

レモンとシュガーのクッキー
作り方→ P.26-27

レモンのアイシングクッキー
作り方→ P.26-27

ありふれた型抜きクッキーも、レモンの皮を入れるだけで、爽やかさとお砂糖の甘みが引き立ったクッキーになります。

レモンとシュガーのクッキー

エッフェル塔型 15枚分
作業30分　焼き時間15分

材料
- クッキー生地
  - バター　100g
  - 塩　ひとつまみ
  - 粉糖　70g
  - レモンの皮のすりおろし　1個分
  - 全卵　30g
  - バニラエッセンス　少々
  - アーモンドパウダー　30g
  - 薄力粉　170g
- 卵白　適量
- トッピングシュガー　適量

+ バターは室温に戻す。
+ 天板にオーブンシートを敷く。

作り方
1 P.27を参照し、クッキー生地を作る。
2 生地をオーブンシートにはさみ、麺棒で4mmの厚さにのばし、冷蔵庫で5分ほど、生地がきれいに抜ける固さになるまで冷やす。
3 エッフェル塔の型で抜く。
4 天板に並べ、卵白を刷毛で薄く塗り、トッピングシュガーをまんべんなくふる。
5 170度のオーブンで15分、クッキーの裏にも焼き色がつくまで焼き、網の上で冷ます。

レモンの果汁を丸ごと使う、レモンアイシングの酸味が印象的なクッキー。
アイシングはリボン状にたれ、ツヤが出るまで混ぜるのがじょうずに作るコツ。
レモンとシュガーのクッキーと同じ生地で作ります。

レモンのアイシングクッキー

5.5cm 丸型 20枚分
作業30分　焼き時間15分

材料
- クッキー生地
  - バター　100g
  - 塩　ひとつまみ
  - 粉糖　70g
  - レモンの皮のすりおろし　1個分
  - 全卵　30g
  - バニラエッセンス　少々
  - アーモンドパウダー　30g
  - 薄力粉　170g
- レモンアイシング
  - 粉糖　80g
  - レモン汁　15g
- ピスタチオ　適量

+ バターは室温に戻す。
+ ピスタチオは細かく砕く。
+ 天板にオーブンシートを敷く。

作り方
1 P.27を参照し、クッキー生地を作る。麺棒で4mmの厚さにのばし、冷蔵庫で5分ほど、生地がきれいに抜ける固さになるまで冷やす。
2 丸型で抜く。
3 天板に並べ、170度のオーブンで15分、生地の裏にも焼き色がつくまで焼き、網の上で冷ます。
4 レモンアイシングを作り、クッキーの表面に薄くスプーンで塗り広げ、細かく砕いたピスタチオをふり、アイシングを乾燥させる。

レモンアイシング

ボウルにふるった粉糖とレモン汁を入れ、ゴムベラで混ぜ、アイシングがリボン状にたれ、ツヤが出るまで混ぜる。

クッキー生地の作り方

ヘラがすっと入るくらいの常温のバターを用意し、粉以外は生地をおさえるように混ぜるのがポイント

1 ボウルにバター、塩を入れ、ゴムベラで混ぜてなめらかにする。

2 粉糖とレモンの皮を加え、なめらかになるまでおさえるように混ぜる。

3 全卵は4、5回に分けて加え、毎回、ツヤが出るまでよく混ぜる。

4 バニラエッセンス、アーモンドパウダーは一度に加え、おさえるように混ぜる。

5 薄力粉は3回に分けて加え、毎回、粉っぽさがなくなるまで切るように混ぜる。

6 ひとまとめにし、冷蔵庫で1晩寝かせる。

相性抜群のレモンとホワイトチョコレートを組み合わせて作る、あとを引くおいしさのスノーボール。
生地に米粉を使うのもポイントで、グルテンがない分、小麦粉で作るスノーボールよりサクホロの食感になります。

レモンとホワイトチョコレートのスノーボール

スノーボール約30個分
作業30分　焼き時間15分

材料
- 生地
    - バター　50g
    - 塩　ひとつまみ
    - 粉糖　20g
    - レモンの皮のすりおろし　1個分
    - ホワイトチョコレート　10g
    - 牛乳　5g
    - ◆アーモンドパウダー　15g
    - ◆米粉　75g
    - くるみ　20g
- 粉糖　50g

＋バターは室温に戻す。
＋ホワイトチョコレートと牛乳は合わせて湯煎で溶かしておく。
＋くるみは粗みじんに切る。
＋天板にオーブンシートを敷く。

作り方
1 ボウルにバター、塩を入れ、ゴムベラでなめらかになるまで混ぜる。
2 粉糖、レモンの皮を加え、ヘラでおさえるように混ぜる。
3 溶かしたホワイトチョコレートと牛乳を加え、なめらかになるまでよく混ぜる。
4 粉類◆を一度に加え、粉っぽさがなくなるまで切るように混ぜる。くるみも加えて同様に混ぜ、生地がボウルからはがれるようになったらひとまとめにし、冷蔵庫で1時間以上冷やす。
5 5gずつに分けて丸め、天板に間隔をあけて並べる。
6 170度のオーブンで15分、割って水分がなく、ほろっと崩れるまで焼き、網の上で冷ます。
7 粉糖を入れたボウルにスノーボールを入れてまぶし、手のひらにのせて余分な粉糖をおとす。これを2回繰り返し、粉糖をたっぷりつける。

notes
薄力粉を使ってスノーボールを作る際は、牛乳を入れず、米粉と同量の薄力粉で作ります。

レモンとポピーシードのショートブレッド
作り方→ P.32-33

レモンピールのディアマン
作り方→ P.32-33

スコットランドの伝統菓子ショートブレッド。ショートは"サクサク"という意味でバタークッキーのことを指します。
パリのカフェでふと見つけた爽やかなレモン風味のショートブレッド、
プチプチしたポピーシードと生地のザクザクした食感のおいしさが忘れられず、再現してみました。

レモンとポピーシードのショートブレッド

4cm 菊型 10枚分
作業30分　焼き時間20分

材料

- ショートブレッド生地
  - バター　45g
  - ◆薄力粉　50g
  - ◆米粉　15g
  - 塩　ひとつまみ
  - グラニュー糖　15g
  - レモンの皮のすりおろし　1/2個分
  - はちみつ　5g
  - けしの実　3g
- トッピングシュガー　適量

＋バターは1cm角に切り、冷蔵庫で冷やしておく。
＋天板にオーブンシートを敷く。

作り方

1 P.33を参照し、ショートブレッド生地を作る。麺棒でのばし、菊型で抜き、冷凍庫で固まるまで冷やしておく。
2 天板に等間隔に並べ、トッピングシュガーをふり、170度のオーブンで20分、生地の裏に焼き色がつくまで焼き、網の上で冷ます。

notes
粉の一部を米粉にしているので、よりサクホロ感が増したショートブレッドができあがります。

クッキーのまわりの砂糖がダイヤモンドのように輝いていることから
フランス語でダイヤモンドの意味を持つ"Diamant"(ディアマン)。甘く煮詰めたレモンピールを生地に入れて作ります。

レモンピールのディアマン

3.5cm 丸型 25枚分
作業30分　焼き時間20分

材料

- 生地
  - バター　75g
  - ◆薄力粉　95g
  - ◆アーモンドパウダー　20g
  - 粉糖　35g
  - 塩　少々
  - レモンの皮のすりおろし　1個分
  - バニラエッセンス　少々
  - レモンピール(P.68)　20g
- 卵白　適量
- トッピングシュガー　適量

＋バターは1cm角に切り、冷蔵庫で冷やしておく。
＋レモンピールは5mm角に切る。
＋天板にオーブンシートを敷く。

作り方

1 フードプロセッサーに冷たいバター、粉類◆、粉糖、塩、レモンの皮、バニラエッセンスを入れてバターの固まりがなくなるまで砕く。
2 ボウルに移し、レモンピールを加え、ゴムベラで混ぜたら生地をひとまとめにする。
3 直径3cmの棒状にのばし、冷凍庫で冷やし固める。
4 棒状にした生地のまわりに、卵白を刷毛で薄く塗り、トッピングシュガーを全体にまぶしつける。
5 包丁で1cmの厚さに切り、天板に間隔をあけて並べる。
6 170度のオーブンで20分、生地の裏に薄く焼き色がつくまで焼き、網の上で冷ます。

notes
オーブンに入れる前に冷凍庫に5分ほど入れて生地を固めておくと、生地が広がらず、きれいに焼けます。

ショートブレッド生地の作り方

冷たいバターを使い、バターが溶けないように素早く生地をまとめるのが、サクホロの生地を作るポイント

1 フードプロセッサーに冷たいバター、粉類◆、塩、グラニュー糖、レモンの皮を入れ、バターの固まりがなくなるまで砕く。

2 ボウルに移し、はちみつ、けしの実を加え、ゴムベラでさっくり混ぜたら、手でにぎるようにひとまとめにする。

3 オーブンシートではさみ、麺棒で8mmの厚さにのばす。

4 菊型で抜き、冷凍庫でしっかり固まるまで冷やす。

notes
すぐ焼かない場合はラップで密閉し冷凍庫に。2週間ほど保存可能です。

カリカリのメレンゲを口に入れると、シュワッとレモンの香りが広がるメレンゲ。
レモンの酸味を加えると卵白の独特のにおいが消えるのも、メレンゲがすすむ理由の一つ。
グリーンレモンを使うと、より香りと酸味の強い、爽やかなメレンゲに仕上がります。

レモンのメレンゲ

2cm×3cmシェル形50個分
作業20分　乾燥時間120分

材料
卵白　30g
グラニュー糖　45g
レモン汁　10g
レモンの皮のすりおろし　1個分
粉糖　30g

+ 卵白は冷やしておく。
+ 天板にオーブンシートを敷く。

作り方

1 ボウルに卵白、分量内のグラニュー糖ひとつまみを入れ、レモン汁、レモンの皮を加えてハンドミキサーで泡立てる(a,b)。

2 卵白に跡がついたら、残りのグラニュー糖を3回に分けて混ぜ、さらに5分ほど、高速で角が立つまで泡立て、きめ細かい泡を作る(c,d)。

3 粉糖を一度に加え、メレンゲをつぶさないようにゴムベラで下からすくうように混ぜ合わせる。

4 星口金をつけた絞り袋に入れ、天板にシェルの形に等間隔に絞り、好みでレモンの皮をふりかける。

5 90度のオーブンで120分乾燥させ、手でさくっと割れるようになったらオーブンからとりだし、網の上で冷ます。

notes
絞り袋は天板に対して斜め45度にかたむけて持ちます。左から右へ、少しずつ力を抜きながら絞り、生地が薄くなったら天板に口金をつけて生地を切ります。できあがったメレンゲは乾燥剤を入れた密閉プラスチック容器に入れ、1カ月ほど保存可能です。

メレンゲの立て方

a 卵白にグラニュー糖ひとつまみを入れる。

b レモン汁、レモンの皮を加えてハンドミキサーで泡立てる。

c 卵白に跡がついたら、残りのグラニュー糖を加えて高速で泡立てる。

d ツヤが出て、泡立て器の内側に泡がこもり、角が立った状態。ここまで泡立てる。

絞り出しクッキーは好きなかたちに絞り、レモンアイシングやホワイトチョコレートをかけてみたり、
ピスタチオをふりかけてみたりとアレンジも自在。
紅茶とレモンの相性は抜群で、生地に紅茶の葉とレモンの皮を入れておくと、
オーブンから焼きたてをとりあげる瞬間の香りが最高です。

レモンと紅茶の絞り出しクッキー

3cm×4cm 絞り出しクッキー15枚分
作業20分　焼き時間15分

材料

- 生地
  - バター　50g
  - 塩　ひとつまみ
  - 粉糖　20g
  - 卵白　15g
  - 薄力粉　60g
  - アールグレイの葉　3g
  - レモンの皮のすりおろし　½個分
- レモンアイシング
  - 粉糖　80g
  - レモン汁　15g
- ピスタチオ　適量

＋材料はすべて常温に戻しておく。
＋アールグレイの葉はコーヒーミルまは包丁で細かくし、ふるった薄力粉と合わせておく。
＋P.26を参照し、分量の粉糖にレモン汁を混ぜてツヤのあるレモンアイシングを作っておく。
＋ピスタチオは砕いておく。
＋天板にオーブンシートを敷く。

作り方

1　ボウルにバターを入れ、泡立て器でなめらかにし、塩、粉糖を加え混ぜる。
2　卵白を3回に分けて加え、泡立て器で混ぜる。
3　合わせておいた薄力粉とアールグレイの葉にレモンの皮を合わせ、数回に分けて加え、ゴムベラで切るように混ぜる。
4　粉っぽさがなくなるまで混ぜたら星口金をつけた絞り袋に入れ、天板に好みの形に絞る。
5　180度のオーブンで15分ほど、焼き色がつくまで焼き、網の上で冷ます。
6　クッキーをレモンアイシングに半分浸け、砕いたピスタチオをふりかけ、アイシングを乾かす。

手で握れる量を絞り袋に入れ、天板に対して垂直に持ちます。力を均等に入れて絞り、完全に力を抜いてから生地をはなします。

レモンを丸ごと使ったレモンジャム。酸味、甘味、苦味のバランスがとれたジャムに仕上げます。

レモンジャム

材料 レモン4個分(できあがり約150g)
国産レモン　4個
グラニュー糖　150g

瓶は5分間、煮沸消毒しておく。
作り方
1 レモンの黄色い外皮のみをむき、白い中皮をナイフで取り除く。
2 黄色い外皮を細切りにしたら、沸騰した湯で2分ほどゆで、ザルにあげる。
3 果汁を絞り、種と薄い袋はお茶パックに入れる。
4 鍋にレモンの皮、果汁、お茶パックに入れた種と薄い袋、グラニュー糖を入れ、10分間中火にかけ、アクが出てきたら取り除く。
5 お茶パックをとりだし、さらに10分ほど、中火で少しとろみがつくまで煮る。
6 熱いうちに消毒した瓶に詰め、蓋をし、瓶を逆さにして冷ます。

notes
+種と薄い袋に固まる成分ペクチンが入っているので、捨てずに煮出す。
+常温で1カ月、開封したものは冷蔵保存する。

レモンの楽しみ方

レモンの黄色い皮の部分を削って香りを取り出します。
写真左上は沸騰湯で煮たレモンの皮。このあと水にさらし、苦味を取り除きます。

香り

香りが鼻を抜ける、香りを感じるお菓子を作りたい！

お菓子作りでレモンの黄色い皮の部分をグラインダーで削っていると、部屋中が爽やかなレモンの香りに包まれます。この香りを閉じ込めたお菓子はおいしいに違いないと確信する瞬間です。

遠い昔「得もいわれぬ香り」と称され珍重されたレモンの香り、その香りのもとはおもに"リモネン"そして"シトラール"です。2つの香り成分にはリラックス効果やデトックス効果もあるとされ、アロマオイルや芳香剤、香水としても多く用いられてきました。

リモネンとシトラールは皮の表面にある無数の小さな粒つぶ"油胞（ゆほう）"の中に含まれています。油胞をきずつけるようにグラインダーで削り、香りのオイルを取り出します。

香りの取り出し方

+ 香りの強い国産ノンワックスのレモンを使います。
手に入らないときにはP.43を参照し、外国産のレモンを処理して使います。
+ 外皮の黄色（または緑）の部分のみをグラインダーで削り、中皮の白い部分は削らないようにします。
+ 時間がたつと香りが酸化するので、使用する直前に削り、
しばらく使わないときはラップ等で密閉して冷凍保存します。

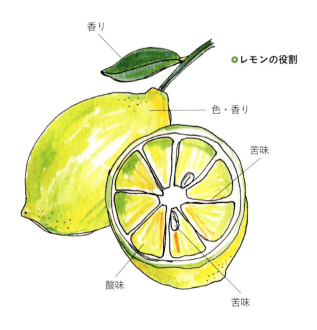

●レモンの役割

香り／色・香り／苦味／酸味／苦味

レモンの楽しみ方

輪切りはいちばんレモンらしく見える切り方。
見た目も可愛らしく、お菓子作りに、レモンティに、国産ノンワックスのレモンならば、
皮ごと食べても安心です。

色 色の違いを楽しんで

レモンは四季咲き性、年に数回、開花します。

国内では、5月に最も多くの花が咲きます。早ければ、約5カ月後の10月、大きくなったものから順に収穫が行われます。10〜11月に収穫されるものはグリーンレモン。12月、気温が低くなるに従いイエローへと変化していきます。国産レモンのグリーンとイエローの違いは収穫時期の違いで、品種が異なるわけではありません。季節の移ろいを感じながら、色の違いを楽しんでみましょう。

グリーンレモン

+ 秋が深まる前に摘み取られた国産レモンです。
+ シーズンは10〜11月。7〜9月のハウスレモンもグリーンで出荷されます。
+ 香りがより強く、シャープな酸味が持ち味。
+ 果皮のグリーン色は葉緑素の色、この色を生かし、お菓子の仕上げに使うのがおすすめです。
+ グリーンレモンと一緒に、りんごやバナナを入れておくとイエローに早く色づきます。

イエローレモン

+ 黄色に色づいてから摘み取られた国産レモンです。
+ 冬から春、12〜翌4月が露地レモン。春から夏には露地レモンを貯蔵したレモンが出回ります。
+ レモンは熟すと皮が薄くなり、ジューシーに。甘みも増します。
+ 果皮の黄色はおもにカロテン。オールマイティに使えます。

外国産のイエローレモン

夏はチリなどの南半球産、冬はアメリカなどの北半球産と一年中手に入るレモンですが、防カビ剤、ワックスがかけられていることが多いので、お使いになるときには次の処理をしてください。

+ 粗塩で洗う：手に塩をとって、レモンを揉むようにしながら表面のワックスをおとします。その後さっと熱湯でゆで、冷水でよく洗い流します。
+ 食用の重曹で洗う：ボウルにレモンを入れ、重曹大さじ1程度を入れて水を入れ、1分ほど浸けておきます。スポンジなどで皮を洗い、水でよく洗い流します。

● 国産レモンの周年サイクル

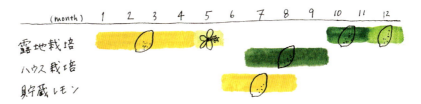

レモンの楽しみ方

皮の白い部分に強く当たらないようにやさしくていねいに絞ること。
種や絞りかすもきちんと取り除きましょう。小さな手間で、にごりのない果汁が絞れます。

酸味　酸味のおだやかなレモンが決め手です

よく熟したレモンは糖度が増し、酸味がおだやか。お菓子作りに欠かせません。

酸味のもとはクエン酸です。レモンに含まれるクエン酸の量は食品の中でもずば抜けて多く、果汁100gに6gはあるとされています。殺菌作用、疲労回復を助けるクエン酸が含まれたレモンは、コロンブスも航海の際に必ず持ち込んでいたそうです。冷蔵庫もなく、魚や肉類の調理にはレモンが欠かせない食材だったようです。

クエン酸にはキレート作用があり、レモン果汁を継続摂取することにより、カルシウムの吸収が促進されるという研究結果も発表されています。

苦味　苦いジャムができてしまったことありませんか？

レモンはほかの柑橘類に比べて苦味が強いのが特徴です。この苦味は種や袋、皮の白い部分に含まれているので、レモンジャムやレモンピールを作るときは取り除きます。

苦味成分リモノイドには発がん予防の働きや、中性脂肪の増加を抑える働きがあるとされ注目されています。

苦味の取り除き方

レモンを4つ割りにし、果汁をよく絞ったら沸騰させた湯に入れ、15分煮てとりだします。冷ましてから、種や絞りかすを取り除きます（種や袋にはペクチンが含まれているのでレモンジャムを作るときはとっておきます）。

使いやすい大きさに切り、大きめのボウルに入れ、たっぷりの水に1時間ほど浸し、この作業を2回繰り返して苦味を取り除きます。

レモンの楽しみ方

グラインダー

ペティーナイフ

スクイーザー

◉ 道具

グラインダー：おろし金でもいいのですが、力を入れなくてもレモンの皮を細かくすりおろせるのでおすすめです。
ペティーナイフ：レモンの大きさに合った、小ぶりのものが一つあると便利です。
スクイーザー：木製のスクイーザーを愛用しています。歯が奥まで入り、果汁がしっかり絞れます。

レモンは年間平均気温が15～16度以上の、温暖で水はけのよい、海岸地帯の斜面でよく育つといわれています。メキシコ、アルゼンチン、スペイン、アメリカ、チリを主産地に、日本では広島県、愛媛県、和歌山県がおもな産地。近年は"マイヤーレモン"をはじめとする新しい感覚のレモンも作られています。

選び方と保存法

おいしいレモン

まずヘタがついていて、枯れていないもの選びます。
皮がつるんときれいで、色むらがなく、ハリとツヤがあるものは果汁が豊か。
凸凹しているレモンには、皮の白い部分が多く、果汁が少ないものも。
鮮度がおちているものはぶよぶよしています。
さわった感じがしっかりしていて重みがあるものは果汁が多く、同じサイズで迷ったら、ずっしり重いものを選びましょう。

代表品種

日本で栽培されているレモンはおもに「リスボン」「ユーレカ」「ビラフランカ」の3つ。
品種により持ち味が少しずつ違います。
+リスボン：ポルトガル生まれの、果汁が多く香りが強い品種。
カリフォルニア、サンキストレモンに多いレモンとして知られています。
+ユーレカ：リスボンに似ている優良品種。香り豊かで酸味も強い。
+ビラフランカ：ジューシーで香り、酸味のバランスがよいシチリア生まれのレモン。育てやすく、家庭栽培用としても人気です。
+ジェノヴァ：チリ産レモンに多い品種。種が少なくて香りが良く果汁も豊富。酸味も強い。

保存法

香りをより長持ちさせるためにも、保存法は大切です。
+野菜室で約10日間、ペーパータオルにくるみ、ポリ袋に入れて保存します。
+冷凍庫で保存する場合は1個ずつラップをして密閉。1カ月ほど保存できます。
+レモンの皮は密閉袋に入れて冷凍保存。スライスしたりカットしたレモンはラップ等で密閉し冷凍保存します。

レモンノート ❷

レモンのお菓子とレモンのかたちの関係

レモンのお菓子でヒットするキーワードは"レモンのかたち"ではないでしょうか。最近カフェやパティスリーで見かけるレモンのかたちをしたレモンケーキ。遠くから見てもレモンだと認識できる、コロンとした楕円形のレモンのかたちの印象は強いもので、実際のレモンでも、丸いかたちをしているとレモンとしては認識されないのだと農協の方からうかがいました。

私自身の教室でも、以前、レモンケーキの"ウィークエンド"として四角いパウンド型に入れて行っていたレッスンを、レモンの型に流し込んで行ってみるとたちまち問い合わせが多数となり、やはり人気の秘密はこのかたちにあるのかもしれないと気づかされたのです。

じつは、レモンのかたちをした焼き菓子の型は、最近できたお菓子の型ではなく、昔から存在したものでした。日本にはたい焼きなど、物のかたちをかたどった金属の型でお菓子を焼くという文化は昔からあったものなのです。

そして世界では現在、様々な果物のかたちをシリコン型でかたどるデザートが流行しています。その流れから、日本では昔からの技術を使った金属製のレモン型が見直され、いまのレモンケーキの人気につながっていったのではないでしょうか。

どこか懐かしさを感じ、そして自宅でも作りやすく、一つ、もう一つと食べたくなるレモンのかたちをした焼き菓子。レモンの金属型は日本発信で世界に広がっていくのかもしれません。

どこか懐かしく、レモンのかたちが可愛らしいケーキは、レモンの皮をたっぷり加えて香りよく、
小さなレモンケーキのふんわりしっとりがいつまでも続く配合にしました。同じ生地でパウンド型でも焼けます。

レモンケーキ

9cm×6.5cmレモン型6個分
作業30分　焼き時間20分

材料
- パウンド生地
  - バター　60g
  - サワークリーム　15g
  - 水飴　5g
  - レモンの皮のすりおろし　1個分
  - レモン汁　5g
  - 全卵　75g
  - グラニュー糖　75g
  - ◆薄力粉　45g
  - ◆コーンスターチ　27g
  - ◆ベーキングパウダー　3g
- レモンアイシング
  - 粉糖　80g
  - レモン汁　15g
- ピスタチオ　適量

＋材料は常温に戻しておく。
＋P.26を参照し、分量の粉糖にレモン汁を混ぜてツヤのあるレモンアイシングを作っておく。
＋型に刷毛でポマード状のバターを塗り、強力粉をはたき、余分な粉をおとす。
＋ピスタチオは細かく砕く。

作り方
1 P.52を参照し、パウンド生地を作る。
2 生地を型の8分目まで入れ、170度のオーブンで20分、生地の真ん中に弾力があり、竹串をさしたときに、生地がつかなくなるまで焼く。
3 型から外し、網の上で冷まし、レモンアイシングを刷毛で塗り、ピスタチオをふり、レモンアイシングを乾かす。

notes
今回はレモンアイシングでコーティングして、レモンの酸味を生かしたケーキに仕上げました。レモンアイシングの代わりに、溶かしたホワイトチョコレートでコーティングすると、まろやかなレモンケーキになります。

型の8分目まで生地を入れると、生地があふれすぎず、きれいなレモン形に焼きあがります。

パウンド生地の作り方

卵をていねいに泡立て、ツヤが出るまで粉と充分に混ぜ合わせることがポイント

1 ボウルにバター、サワークリーム、水飴、レモンの皮、レモン汁を入れ、湯煎で溶かし、温めておく。
notes
サワークリームを加えるとコクが出て、しっとりとした生地になります。

2 別のボウルに全卵をほぐし、グラニュー糖を加えて湯煎にかけ、人肌より少し温かくなるまで温めながら泡立て器で混ぜる。

3 湯煎からおろし、すくった生地がリボン状にたれるまでハンドミキサーの高速で泡立て、最後に低速で1分ほどゆっくり混ぜ、キメを整える。

4 1をヘラに当てながら2回に分けて加え、バターの筋がなくなるまで毎回、下からすくうようにゴムベラで混ぜる。

5 粉類◆を4、5回に分けて加え、生地にツヤが出るまで下からすくうようにゴムベラで混ぜ、冷蔵庫で生地が冷えるまで休ませる。

パリのショコラトリーで食べたレモンピールのチョコレートがけ "シトロネット"。
レモンのほんのり感じる苦味とチョコレートの甘さのバランスがよいチョコレート菓子です。

シトロネット

作りやすい分量
作業30分

材料
コーティングチョコレート
　（ホワイト、ブラック）各200g
レモンピール（P.68）　約100g

＋レモンピールは汁気をとり網の上で乾かしておく。

作り方
1 ホワイト、ブラックのコーティングチョコレートを別々のボウルに入れ、それぞれを湯煎で溶かす。
2 30度に温めたコーティングチョコレートにレモンピールの⅔をくぐらせ、余分なチョコレートをおとし、オーブンシートの上で乾かす。

notes
チョコレートが乾かない場合は冷蔵庫に入れる。

チョコレートがたっぷり入ったしっとりしたガトーショコラの生地に、レモンピールを合わせて、
アルザス地方の郷土菓子クグロフの型に入れて焼きました。

レモンピールとチョコレートのクグロフ

18cm クグロフ型 1 台分
作業40分 焼き時間50分

材料

- 生地
    ブラックチョコレート
      （カカオ分66%） 170g
    バター 140g
    卵黄 60g
    グラニュー糖 70g
    アーモンドパウダー 80g
    メレンゲ
      卵白 100g
      グラニュー糖 70g
    ◆カカオパウダー 20g
    ◆薄力粉 15g
    レモンピール（P.68） 90g
  ブラックチョコレート
    （カカオ分66%） 100g
  レモンピール（P.68） 適量

＋カカオパウダーと薄力粉は合わせてふるっておく。
＋生地に加えるレモンピールは1cm角に切る。
＋型に刷毛でポマード状のバターを塗り、強力粉をはたき、余分な粉をおとす。

作り方

1 ボウルにチョコレートとバターを入れ、湯煎で溶かし温める。
2 別のボウルに卵黄、グラニュー糖を入れ、泡立て器で白っぽくなるまですり混ぜる。
3 2に1のチョコレートとバター、アーモンドパウダーの順に加え、泡立て器ですり混ぜる。
4 P.35を参照し、ツヤのある角が立ったメレンゲを作る。
5 3のボウルにメレンゲの1/3を加え、ゴムベラで下からすくうように混ぜ、粉類◆、残りのメレンゲの順に加え、毎回、ツヤが出るまで混ぜる。
6 レモンピールも加え混ぜる。
7 型の8分目まで流し込み、160度のオーブンで50分、生地に弾力が出るまで焼き、型から外し、網の上で冷ます。
8 チョコレートを溶かし、ケーキのトップに流し、カットしたレモンピールを飾る。

notes
メレンゲはしっかり泡立て、生地が空気をだきこむように混ぜ合わせると、しっとりした軽い口当たりに。

黄色い建物が立ち並ぶレモンの産地、南仏のマントンをイメージした
ラベンダーとレモンのパウンドケーキです。
ラベンダーのはちみつを使うとより香り豊かに、レモンとの相性抜群です。

ラベンダーとレモンのパウンドケーキ

18cm×8.5cm×5.5cmパウンド型1台分
作業30分　焼き時間40分

材料
- パウンド生地
  - バター　105g
  - グラニュー糖　90g
  - レモンの皮のすりおろし　1個分
  - はちみつ　40g
  - 全卵　100g
  - レモン汁　15g
  - ◆薄力粉　80g
  - ◆コーンスターチ　25g
  - ◆ベーキングパウダー　4g
- レモンアイシング
  - 粉糖　80g
  - レモン汁　15g
- 食用ラベンダー　適量
- レモンピール(P.68)　適量

＋材料は常温に戻す。
＋P.26を参照し、分量の粉糖にレモン汁を混ぜてツヤのあるレモンアイシングを作っておく。
＋型に刷毛でポマード状のバターを塗り、強力粉をはたき、余分な粉をおとす。

作り方
1 ボウルにバターを入れ、ハンドミキサーでツヤが出るまで混ぜる。
2 グラニュー糖を2回に分けて加え、レモンの皮、はちみつも加え、毎回よく混ぜる。
3 全卵にレモン汁を合わせ、6回に分けて2に加え、毎回、ツヤが出るまでよく混ぜる。
4 粉類◆を3回に分けて3に加え、ゴムベラに持ち替え、すくうように混ぜ、ツヤが出るまで混ぜたら、型の8分目まで生地を流し込む。
5 170度のオーブンで40分、生地の真ん中に竹串をさし、生地がついてこなくなるまで焼き、型から外して網の上で冷ます。
6 刷毛で、冷めたパウンド全体にレモンアイシングを塗り、ラベンダーをちらし、カットしたレモンピールをのせる。
7 200度のオーブンに3分間入れ、アイシングを乾燥させる。

貝殻のかたちをした焼き菓子マドレーヌはロレーヌ地方、コメルシーの郷土菓子。
コメルシーのマドレーヌ工場を訪れた際には、たっぷりのはちみつが入ったマドレーヌを作っている姿を見ることができました。
今回はレモンカードも加え、はちみつレモンマドレーヌを作りました。

はちみつレモンマドレーヌ

8cm×5cmマドレーヌ型 15個分
作業20分　焼き時間15分

材料
- マドレーヌ生地
  - バター　100g
  - はちみつ　30g
  - 牛乳　30g
  - 全卵　1½個
  - グラニュー糖　70g
  - レモンの皮のすりおろし　½個分
  - バニラエッセンス　少々
  - ◆薄力粉　100g
  - ◆ベーキングパウダー　5g
- レモンカード(P.12)　50g
- 溶けない粉糖　適量

＋型に刷毛でポマード状のバターを塗り、強力粉をはたき、余分な粉をおとす。

作り方
1 ボウルにバター、はちみつ、牛乳を入れ、湯煎で溶かし温める。
2 別のボウルに全卵を入れ、泡立て器で混ぜたら、グラニュー糖、レモンの皮、バニラエッセンスを加え混ぜる。
3 粉類◆を一度に加え混ぜる。
4 3のボウルに1を少しずつ加え、泡立て器ですり混ぜるように、円を描きながらよく混ぜる。
5 生地が冷えるまで冷蔵庫で冷やす。
6 型の8分目まで生地を入れ、170度のオーブンで15分焼く。生地の中央がぷくっと盛りあがり、押すと弾力がある状態まで焼き、型から外して網の上で冷ます。
7 生地の膨らんでいる部分に小さなスプーンをさしこんで穴をあけ、丸口金をつけた絞り袋でレモンカードを絞り、粉糖をふるう。

notes
パリのリッツホテルでは、アフタヌーンティの最初にミルクに浸したマドレーヌがサーブされ、プルーストの小説の中で描かれているマドレーヌが楽しめます。

イギリスのヴィクトリア女王のために作られたバターケーキ。
本来はラズベリージャムと生クリームをはさみますが、
今回はしっとりしたバターケーキにレモンカードとラズベリーをはさみ、酸味を引き立たせたケーキに。

レモンカードのヴィクトリアケーキ

15cm 丸型 1台分
作業30分　焼き時間50分

材料

○ バターケーキ生地
　バター　120g
　粉糖　150g
　全卵　150g
　生クリーム　30g
　◆薄力粉　100g
　◆コーンスターチ　50g
　◆ベーキングパウダー　5g
レモンカード(P.12)　100g
フレッシュラズベリー　10粒
溶けない粉糖　適量

＋材料は常温に戻しておく。
＋粉類◆はふるって合わせておく。
＋ラズベリーは半分に切る。
＋型の底に紙を敷き、側面にポマード状のバターを刷毛で塗り、強力粉をはたき、余分な粉をおとす。

作り方

1 ボウルにバターを入れ、ハンドミキサーでなめらかにする。
2 粉糖を3、4回に分けて加え、よく混ぜる。
3 全卵と生クリームを合わせ、6回に分けて2に加え、毎回、ツヤが出るまで混ぜる。
4 粉類◆を3回に分けて3に加え、ゴムベラで下からすくうように、毎回、ツヤが出るまで混ぜる。
5 型の8分目まで流し込み、170度のオーブンで50分焼き、生地の真ん中に弾力が出たら型から外し、網の上で冷ます。
6 冷めた生地を横半分にスライスし、スライス面の上にレモンカードを広げ、上にラズベリーを並べてはさむ。
7 トップ全体に粉糖をふるう。

notes

バターの一部を生クリームに代えているので、時間がたってもしっとりとした生地に仕上がります。水分量の多い配合なので、毎回ツヤが出るまでよく混ぜ、分離しそうになったら、粉類の一部を先に入れると落ち着きます。

酸味のあるベリーと相性のよいレモン。ブルーベリーのカップケーキ生地にレモンカードをしのばせ、
リッチなマスカルポーネクリームを絞ったら、プレゼントしたくなる可愛らしいカップケーキになります。

レモンとマスカルポーネクリームのカップケーキ

直径6cm×高さ4cmマフィン型12個分
作業40分　焼き時間20分

材料

○ 生地
　バター　100g
　塩　ひとつまみ
　グラニュー糖　140g
　全卵　100g
　牛乳　120g
　◆薄力粉　180g
　◆ベーキングパウダー　5g
　ブルーベリー　24粒
レモンカード（P.12）　60g
マスカルポーネクリーム
　生クリーム　150g
　グラニュー糖　30g
　マスカルポーネ　150g
レモンの皮のすりおろし　適量
ブルーベリー　24粒

✚材料は常温に戻しておく。
✚マフィン型にグラシンカップをセットする。

作り方

1 ボウルにバター、塩を入れ、ハンドミキサーで混ぜたらグラニュー糖を2回に分けて加え混ぜる。
2 全卵を4回に分けて加え、毎回、ツヤが出るまで混ぜる。
3 牛乳と粉類◆を3回ずつ交互に加え、ゴムベラで、毎回、ツヤが出るまで下からすくい混ぜる。
4 型の7分目まで生地を入れ、ブルーベリーをちらし、170度のオーブンで20分焼き、網の上で冷ます。
5 カップケーキの真ん中を2cmほどくりぬき、レモンカードを絞る。
6 マスカルポーネクリームを作り、星口金をつけた絞り袋でカップケーキに絞り、レモンの皮とブルーベリーをトッピングする。

notes
カップケーキは作った翌日に食べると、より一体感が出ておいしい。レモンのホイップクリーム（P.77）でデコレーションするのもおすすめです。

マスカルポーネクリーム
氷水につけたボウルに、分量の生クリームとグラニュー糖、なめらかにしたマスカルポーネを入れ、ハンドミキサーで8分立てまで泡立てる。

ホワイトチョコレートのやさしい甘さのブラウニーに、レモンとラズベリーの酸味をダブルでプラスした爽やかなスイーツ。レモンアイシングでフォトジェニックに。

レモンとラズベリーのホワイトブラウニー

18cm 正方形ブラウニー型 1 台分
作業20分　焼き時間30分

材料
○ 生地
　ホワイトチョコレート　150g
　バター　85g
　生クリーム　30g
　グラニュー糖　75g
　レモンの皮のすりおろし　2個分
　全卵　100g
　薄力粉　75g
　冷凍ラズベリー　20粒
レモンアイシング
　粉糖　80g
　レモン汁　15g

＋型にオーブンシートを敷く。
＋P.26を参照し、分量の粉糖にレモン汁を混ぜてツヤのあるレモンアイシングを作っておく。

作り方
1 ボウルにホワイトチョコレートとバターを入れ、湯煎で溶かす。
2 生クリームを加え、泡立て器ですり混ぜる。
3 グラニュー糖、レモンの皮を一度に加え、なめらかになるまで泡立て器で混ぜたら、全卵を3回に分けて加え混ぜる。
4 薄力粉を加え混ぜ、型に生地をすべて流し込み、冷凍ラズベリーをちらす。
5 170度のオーブンで30分焼き、網の上で冷ます。
6 レモンアイシングをスプーンで線を描くようにかけ、アイシングを乾燥させ、好みの大きさにカットする。

notes
酸味のあるドライアプリコットと合わせても美味。型はパウンド型やシリコン型でも代用できますが、生地が厚いと生焼けになるので、2cmほどの厚さになるように流し込みます。

イギリスの焼き菓子スコーンは、クロテッドクリームの代わりにレモンカードを添えて爽やかな味に。

レモンとブルーベリーのスコーン

4.5cm 丸型 12個分
作業20分 焼き時間15分

材料
- 生地
  - ◆薄力粉　250g
  - ◆ベーキングパウダー　15g
  - バター　50g
  - グラニュー糖　30g
  - レモンの皮のすりおろし　1個分
  - 全卵　50g
  - 牛乳　45g
  - サワークリーム　50g
  - ブルーベリー　20粒

塗り卵
　卵　1個
　牛乳　10g
トッピングシュガー　適量
レモンカード（P.12）　適量

＋粉類◆は合わせてふるっておく。
＋バターは1cm角に切り、冷蔵庫で冷やしておく。
＋塗り卵は卵と牛乳を合わせてよく混ぜる。

作り方

1 フードプロセッサーに粉類◆、バター、グラニュー糖、レモンの皮を入れ、バターの固まりがなくなるまで砕く。

2 ボウルに移し、全卵、牛乳、サワークリームを加え混ぜ、ブルーベリーも加え、ひとつにまとめる。

3 麺棒で3cmの厚さにのばし、型で抜く。

4 天板に等間隔に並べ、塗り卵を刷毛で塗り、トッピングシュガーをふりかける。

5 180度のオーブンで15分、薄く色づくまで焼き、網の上で冷ます。レモンカードを添える。

notes
生地をこねてしまうと固いスコーンに。やさしく包むようにまとめます。

レモンの苦味を生かしたレモンピール。パウンド生地に混ぜたり、トッピングに使ったり。

レモンピール

材料　レモン5個分（できあがり約400g）
国産レモンの皮　5個分
グラニュー糖　レモンの皮と同量
水　レモンの皮の3倍量
レモン汁　40g

瓶は5分間、煮沸消毒しておく。

作り方
1 レモンを水洗いし、ヘタをとり、4つ割りにする。
2 果汁を絞り、40gを取り置く。
3 沸騰した湯に、果汁を絞ったレモンを入れ、15分煮てとりだし、冷ましてから絞りかすや袋を取り除く。
+この時点で皮の重さを計量し、グラニュー糖、水の量を確定する。
4 5mm幅の細切りにし、大きめのボウルに入れ、水に1時間ほど浸し、苦みを抜く。この作業を2度繰り返す。
5 鍋に水とグラニュー糖の半分を入れて沸騰させ、水をきったレモンの皮を入れ、中火で約15分煮て火を止め、そのまま1晩置く。
6 翌日、煮汁ごと火にかけ、沸騰したら残りのグラニュー糖を加え、中火で15分ほど煮る。
7 2のレモン汁を加え、弱火で煮込む。
8 ヘラで混ぜ、底に線がかけるくらいに水分がとんだら、瓶に移し冷ます。

notes
+水分をとばしすぎると固いレモンピールができるので多少水分を残しておく。
+冷蔵庫で1週間、すぐに使わない場合は冷凍庫で保存する。

レモンノート ❸

聖なる果物 "La Main de Bouddha"

古代では聖なる果実として貴重な存在だったレモン。様々な宗教のモチーフとして、また繁栄の象徴として絵画に描かれています。

中国では、シトロンの変種"仏手柑(ブッシュカン)"が仏教徒へ広まりました。

果実の先が何本もの指のように長く裂けており、指の部分を合わせた様子が合掌に似ているところから名付けられた"仏手柑"、その香りは幸福を招くといわれていたようです。

私が初めて仏手柑を見かけたのはベトナムに旅行し、フランス人が営むチョコレート専門店を訪れたときのことです。

豆からチョコレート、そしてケーキまで作るbean to barの作業の様子を、ガラス越しで見られるというので訪れた、ケーキの作業場に置いてあったのがこの"仏手柑"でした。

レモンと似た黄色い果物だけれど、先端がゴツゴツと何本にも裂けているこれはなんだろうと見つめていると、ガラスの窓越しにパティシエと目が合い、厨房から出てきてくれた彼が"仏手柑"だと教えてくれたのです。

時期は違いますが、偶然にもパリの同じお店で一緒に働いていたことのあるパティシエによると、フランス語で"La Main de Bouddha(ブッダの手)"と呼び、それがシトロンの変種"仏手柑"だということを教えてくれました。

この果物、果肉はそれほどおいしくないけれども香りがとてもよいそうで、削った皮をチーズケーキに入れるのだとも話してくれたのでした。

聖なる果実は現代でも様々な食文化を巻き込んで発展させているのでした。

レモンで作る おもてなしお菓子

このケーキはフランス留学時のパリの小さなアパートで、友人のために作ったのがはじまりです。
レモンタルトのタルトをスポンジケーキに変えるだけで作れる、お祝い事に最適なショートケーキです。

レモンカードとメレンゲのショートケーキ

15cm 丸型1台分
作業60分　焼き時間30分

材料
- スポンジ生地
  - バター　20g
  - 牛乳　30g
  - 全卵　120g
  - グラニュー糖　90g
  - 薄力粉　90g
- レモンカード（P.12）　150g
- イタリアンメレンゲ

＋イタリアンメレンゲはP.18と同量を用意。
＋材料は常温に戻しておく。
＋型の底に紙を敷き、側面に刷毛でポマード状のバターを塗り、強力粉をはたき、余分な粉をおとす。

作り方
1 P.74-75を参照し、スポンジを作る。

● 組み立て
2 スポンジを3枚にスライスする。
3 1枚をケーキ台にセットし、パレットナイフで、半量のレモンカードを生地いっぱいに広げる。
4 残りのスポンジを重ね、同様に残りのレモンカードを広げ、3段に重ねる。
5 ケーキのまわりをイタリアンメレンゲでカバーし、スプーンで跡をつける。
6 230度のオーブンで約5分焼き、焼き目をつける。

notes
メレンゲはさわりすぎると泡がつぶれるので、軽くスプーンで跡をつけます。

デコレーションひとつで見た目がグッと変わる。
マスカルポーネクリームやレモンのホイップクリームをデコレーションしてもgood。

スポンジ生地の作り方

卵をしっかり泡立てて、気泡をつぶさないようにほかの材料と合わせるのがポイント

1 ボウルにバターと牛乳を入れ、湯煎で温めておく。

2 別のボウルに全卵をほぐし、グラニュー糖を加えて湯煎にかけ、泡立て器で混ぜながら人肌より少し温かくなるまで温める。
notes
泡立ちをよくするため湯煎で卵液を温めます。

3 湯煎からおろし、ハンドミキサーで円を描くように高速で5分ほど、最後に低速で2分ほどゆっくり混ぜ、キメを整える。
notes
泡立て器の内側に生地がこもるまで、そしてリボン状にたれるまで泡立てます。

4 薄力粉を2回に分けて入れ、ツヤが出るまで下からすくうようにゴムベラで混ぜる。

5 1のボウルに4の一部を加え、均一になるまでゴムベラで混ぜる。
notes
生地の一部を先にバターと合わせることで、全体の泡をつぶさずに混ぜ合わせることができます。

6 5を4のボウルに移し、ゴムベラでさっくり混ぜる。

焼き方

7 型の8分目まで入れ、160度のオーブンで30分焼く。
notes
生地を押すと弾力がある状態になるまで焼きます。

8 型から外し、下の紙をとって網の上で冷ます。

サクッとした食感が楽しめるビスキュイでレモンカードとレモンクリームを巻いた、爽やかなロールケーキです。

レモンのロールケーキ

28cmロールケーキ1本分
(28cm正方形天板1枚分)
作業60分　焼き時間10分

材料
○ ビスキュイ生地
　卵黄　55g
　グラニュー糖　30g
　メレンゲ
　　卵白　115g
　　グラニュー糖　55g
　薄力粉　80g
粉糖　適量
レモンのホイップクリーム
　生クリーム　200g
　グラニュー糖　20g
　レモンの皮のすりおろし　1個分
ゼラチン入りレモンカード
　レモンカード(P.12)　50g
　粉ゼラチン　0.5g
　冷水　3g
溶けない粉糖　適量

+ 材料は常温に戻しておく。
+ P.89を参照し、冷水でふやかしたゼラチンを温め、レモンカードに混ぜておく。
+ 天板にオーブンシートを敷く。

作り方
1 P.78-79を参照し、ビスキュイを作る。

○ 組み立て
2 オーブンシートの上に、焼き色面を下にしてビスキュイを敷き、内側に切り込みを入れる(a)。
3 レモンのホイップクリームを広げ(b)、手前から¼のところにゼラチン入りレモンカードを1本絞る(c)。
4 オーブンシートごと手前から持ち上げ、前に押し出すようにしながらロール状に巻きあげる(d-g)。
5 冷蔵庫で冷やし固め、粉糖をふって仕上げる。

レモンのホイップクリーム
ボウルを氷水に当て、分量の生クリーム、グラニュー糖、レモンの皮を入れて7分立てまで泡立てる。

クリームを持ち上げた際に、とろりとボウルにおち、クリームの跡がゆっくりと消える固さにします。

組み立て方
ロール状に巻くときは、オーブンシートを前に押し出すようにしながら巻くと、きれいに巻けます。

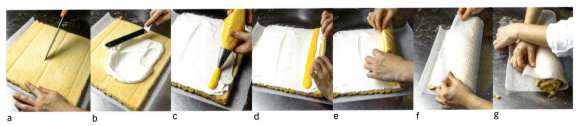

a　b　c　d　e　f　g

ビスキュイ生地の作り方

卵白を固く泡立て、あとから卵黄を合わせます
メレンゲの気泡をつぶさないように、さっくり混ぜ合わせるのがポイント

1 卵黄、グラニュー糖をボウルに入れ、白っぽくもったりするまで泡立て器ですり混ぜる。

2 別のボウルで固めのメレンゲを作る。
→メレンゲの作り方はP.35を参照。

3
2に1を一度に加え、下からすくうようにゴムベラでさっくり混ぜ合わせる。

notes
ゴムベラですくっても生地がおちてこない固さで止めます。

4 7割ほど混ざったら、薄力粉を2回に分けて加え、粉っぽさがなくなるまで下からすくうようにさっくり混ぜる。

焼き方

1 絞り袋に1cmの丸口金をセットし、生地を入れる。
notes
広口の容器に絞り袋を入れ、生地をおとすように入れると泡がつぶれません。

2 絞り袋を進行方向に45度かたむけ、均等な力で1本ずつ絞る。

3 粉糖を2回ふるう。
notes
2回目は3分ほどおいてからふるう。カリッとした食感が出て、ひび割れも防げます。

4 200度のオーブンで10分間、キツネ色になるまで焼き、天板から外して網の上で冷ます。

口の中にレモンの爽やかさが広がる、ふわふわのやさしいスフレ。
できたてをいただく温かいデザートです。

レモンのスフレ

直径9cm×高さ5cmココット4個分
作業30分　焼き時間15分

材料
- 生地
  - 卵黄　120g
  - グラニュー糖　40g
  - 薄力粉　5g
  - 牛乳　180g
  - レモンの皮のすりおろし　1個分
  - レモン汁　10g
  - メレンゲ
    - 卵白　65g
    - グラニュー糖　25g

粉糖　適量

+ ココットの内側にバターをたっぷり塗り、グラニュー糖をふりかけておく。

作り方
1 ボウルに卵黄を入れ、40gのグラニュー糖を加えて泡立て器で混ぜ、薄力粉も加え混ぜる。
2 鍋に牛乳、レモンの皮、レモン汁を入れ、沸騰させる。
3 **1**に**2**を少しずつ加え混ぜ、冷ます。
4 P.35を参照して、ツヤのある角が立ったメレンゲを作る。
5 メレンゲのボウルに**3**を2回に分けて入れ、メレンゲの泡をつぶさないように泡立て器でさっくり混ぜ、ココットの縁いっぱいまで生地を注ぐ。
6 180度のオーブンで15分、焼き目が均等につくまで焼き、粉糖をふるい、熱いうちに食す。

notes
ココットの縁の部分に多めにバターを塗ると、きれいにスフレが膨らみます。

ローマへ旅行した際、現地に住む友人が案内してくれたチーズ屋さんで見つけた
あっさりしていて食べやすいリコッタのチーズケーキ。
今回はレモンで作ったリコッタチーズで、ベイクドチーズケーキを作りました。

レモンのリコッタベイクドチーズケーキ

15cm 丸型（底が外れる型） 1台分
作業30分
焼き時間50分（冷やす時間を除く）

材料

- 生地
  - グラハムクッキー　　60g
  - 溶かしバター　　40g
- フィリング
  - レモンのリコッタチーズ　　200g
  - サワークリーム　　100g
  - レモンの皮のすりおろし　　½個分
  - グラニュー糖　　80g
  - 卵黄　　20g
  - 全卵　　50g
  - 生クリーム（乳脂肪分45％）　　30g
  - レモン汁　　15g
  - 薄力粉　　10g

+ 型にオイルを塗り、底にオーブンシートを敷く。側面にオーブンシートを巻きつけ、型の外側の下半分をアルミホイルで覆う。

作り方

- 生地

1 グラハムクッキーと溶かしバターをフードプロセッサーに入れて粉々に砕き、型の底にスプーンでおさえつけるように敷き詰める。

- フィリング

2 ボウルにレモンのリコッタチーズ、サワークリーム、レモンの皮、グラニュー糖、卵黄、全卵の順に入れ、泡立て器でよく混ぜる。
3 生クリーム、レモン汁も加え、ダマがなくなるまで混ぜる。
4 薄力粉を加え、ゴムベラでさっくり混ぜる。
5 型に流し込み、170度のオーブンで50分、生地に弾力がつくまで焼き、網の上で冷ます。
6 型のまま冷蔵庫で3時間以上冷やし、完全に冷えたら型から外し、オーブンシートをはがす。

レモンのリコッタチーズ

リコッタは"ふたたび煮た"という意味。家庭でも簡単に作れるフレッシュチーズです。

材料　200g分
牛乳　1ℓ
生クリーム（乳脂肪分45％）　100mℓ
レモン汁　45mℓ
塩　少々

1 鍋に牛乳、生クリーム、塩少々を入れて中火にかけ、沸騰する直前まで温めたらレモン汁を加えて弱火にし、ゆっくり混ぜ合わせる。
2 1分ほど煮て、白いチーズの部分と黄色い液体のホエーが分離したら、ガーゼを敷いたザルで濾す。
3 水気がきれたら冷蔵庫で冷やし、できたてのチーズを使う。

①底にオーブンシートを敷く。

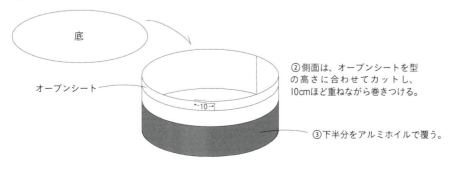

オーブンシート
底
②側面は、オーブンシートを型の高さに合わせてカットし、10cmほど重ねながら巻きつける。
③下半分をアルミホイルで覆う。

今川焼きのようなダクワーズのかたちはじつは日本の洋菓子店発祥。
作りたてよりも、1日置いた方がレモンカードと生地の一体感が楽しめます。

レモンのダクワーズ

7cm×4.5cmシャブロン型8個分
作業60分　焼き時間15分

材料

- ダクワーズ生地
    - メレンゲ
        - 卵白　100g
        - グラニュー糖　30g
    - a
        - アーモンドパウダー　60g
        - 薄力粉　10g
        - 粉糖　60g
        - レモンの皮のすりおろし　1/2個分
- 粉糖　適量
- ゼラチン入りレモンカード
    - レモンカード（P.12）　100g
    - 粉ゼラチン　1g
    - 冷水　6g

＋aは一緒にして2度ふるう。
＋P.89を参照し、冷水でふやかしたゼラチンを温め、レモンカードに混ぜておく。
＋天板にオーブンシートを敷き、シャブロン型をセットする。

作り方

● ダクワーズ生地

1 P.35を参照し、ツヤのある角が立ったメレンゲを作る。
2 メレンゲのボウルにaを3回に分けて加え、ゴムベラで下からすくうように混ぜる。泡をつぶさないようにさっくり混ぜ、ヘラですくってたれてこない状態になったら混ぜるのを止める。
3 1cmの丸口金をつけた絞り袋に入れ、シャブロン型のすりきりまで絞り、パレットで生地をならし、型を持ち上げて外す。
4 粉糖を2回ふるう。
5 180度のオーブンで15分、キツネ色になるまで焼き、網の上で冷ます。

● 組み立て

6 2枚を1組にし、1枚に10gのゼラチン入りレモンカードを絞り、もう1枚ではさむ。

notes

シャブロン型はダクワーズ専用の抜き型。生地を絞って型を外すと、小判形になります。

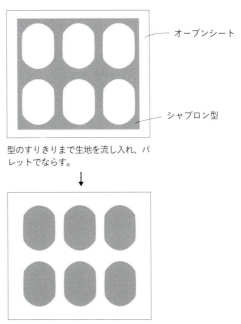

型のすりきりまで生地を流し入れ、パレットでならす。

↓

型を外す。

さっぱりしたムースは特別なディナーの日の締めくくりに出したいデザートです。
食事の最後に食べるデザートがおいしいと、すべてがより印象に残ります。

レモンのムース

15cmセルクル1台分
作業60分
焼き時間10分（冷やす時間を除く）

材料

- ムース
  - 卵黄　20g
  - グラニュー糖　20g
  - レモン汁　50g
  - レモンの皮のすりおろし　1個分
    - 粉ゼラチン　2g
    - 冷水　12g
  - 生クリーム　100g
- レモンのスライス　7枚
- ナパージュ
  - 水　50g
  - グラニュー糖　10g
  - 粉ゼラチン　5g
  - 冷水　30g
- ビスキュイ生地

＋ビスキュイ生地はP.77と同量を用意。
＋粉ゼラチンは冷水でふやかし、冷蔵庫に入れておく。
＋生クリームは氷水を当てたボウルで6分立てに泡立て、冷蔵庫で冷やす。
＋セルクルの内側にムースフィルムをセットする。

作り方

- ムース

1 ボウルに卵黄とグラニュー糖を入れ、泡立て器で白っぽくなるまですり混ぜる。
2 鍋にレモン汁とレモンの皮を入れて中火にかけ、沸騰直前に1のボウルに少しずつ加え、よく混ぜる。
3 鍋に戻し、中火でゴムベラで混ぜながら80度まで温める。
4 3をボウルに移し、冷水でふやかしたゼラチンを入れて溶かし、20度になるまで氷水に当てて冷やす。
5 泡立てた生クリームを3回に分けて4に加え、ゴムベラで混ぜる。

- ビスキュイ

6 P.78-79を参照し、ビスキュイを作る。
7 図のように成形して焼き上げ、長方形の生地は半分にカットする。
8 ムースフィルムをセットしたセルクルを用意し、底と側面にビスキュイを敷く。
9 型の半分までムースを流し、あいだにビスキュイを敷き、残りのムースをセルクルすりきりまで流し込む。
10 固まるまで冷やし、レモンのスライスをトッピングする。
11 トップにナパージュを広げ、固まるまで冷やし、セルクルを外す。

ナパージュ（ツヤ出しシロップ）

分量の水とグラニュー糖を鍋に入れ、中火で溶かし、冷水でふやかしておいたゼラチンを入れて溶かす。

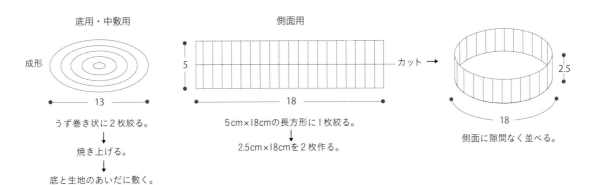

葉が何層にも重なっているように見えるミルフィーユ (millefeuille)。
今回は冷凍パイシートでサクサクのパイ生地を作り、酸味のきいたレモンカードと合わせます。

レモンのミルフィーユ

4cm×10cmミルフィーユ6個分
作業40分　焼き時間40分

材料

○ パイ生地
　20cm×20cm 冷凍パイシート　3枚

ゼラチン入りレモンカード
　レモンカード（P.12）　200g
　粉ゼラチン　2g
　冷水　12g

溶けない粉糖　適量

作り方

○ パイ生地

1 冷凍パイシートは解凍して3mmの厚さにのばし、フォークで均等に穴をあけ、冷凍庫で再度冷やす。

2 210度のオーブンで20分焼き、薄い茶色に色づいたら、天板ではさんで浮きあがりをおさえ、はさんだまま210度でさらに20分焼き、網の上で冷ます。

○ 組み立て

3 パイ生地を4cm×10cmの18枚にカットし、3枚を1組にする。

4 1cmの丸口金をつけた絞り袋にゼラチン入りレモンカードを入れ、パイ生地の上に絞り、生地を重ねる。

5 4をもう一度繰り返して重ね、トップに粉糖をふるう。

notes

レモンカードとレモンのホイップクリームを2層に絞っても、味にコントラストがつきます。

ゼラチン入りレモンカード

分量の粉ゼラチンを冷水でふやかす。
ふやかしたゼラチンを湯煎またはレンジで温め、レモンカードに加えてよく混ぜる。

お気に入りのカフェで見つけた焼き菓子をテイクアウトして、公園で朝食やおやつに食べるのもパリでの楽しみの一つ。
留学時代に食べた、サクサクのサブレ "ガレットブルトンヌ" をタルト風に仕上げた思い出のお菓子に、
レモンカードとベリーを合わせました。

ガレットブルトンヌで作るレモンとベリーのミニタルト

6cmセルクル
　または6cmアルミ型7個分
作業40分
焼き時間30分(休ませる時間を除く)

材料
- 生地
    - バター　180g
    - 粉糖　130g
    - 塩　3g
    - 卵黄　40g
    - ラム酒　7g
    - ◆薄力粉　165g
    - ◆アーモンドパウダー　30g
- 塗り卵
    - 全卵　1個
    - 牛乳　5g
- ゼラチン入りレモンカード
    - レモンカード(P.12)　100g
    - 粉ゼラチン　1g
    - 冷水　6g
- お好みのベリー　適量

✚ 材料は室温に戻しておく。
✚ P.89を参照し、冷水でふやかしたゼラチンを温め、レモンカードに混ぜておく。
✚ 塗り卵は卵と牛乳を合わせてよく混ぜる。

作り方

1 ボウルにバターを入れてなめらかにし、粉糖、塩を入れ、ゴムベラでおさえるように混ぜる。
2 卵黄、ラム酒を3回に分けて加え、毎回、ツヤが出るまで混ぜる。
3 粉類◆を一度に加え、ゴムベラで切るように混ぜ、オーブンシートの上に生地を広げる。
4 麺棒で1cmの厚さにのばし、冷蔵庫で1晩寝かせる。
5 セルクルで丸く抜き、塗り卵を刷毛で塗り、セルクルにはめて170度のオーブンで30分、焼き色がしっかりつくまで焼き、型を外して網の上で冷ます。
6 タルトの上にゼラチン入りレモンカードをこんもり絞り、好みのベリーを飾る。

notes
バターの分量が多い生地なので、セルクルもしくはアルミ型に入れた状態で焼きます。市販のサブレにレモンカードを絞り、フルーツを飾っても楽しめます。

表面にツヤがあるマカロンはマカロンパリジャン、マカロンリスと呼ばれています。
じつはマカロンの発祥はイタリア。16世紀にメディチ家のカトリーヌ・ド・メディシスがアンリ2世のもとに嫁ぐ際、一緒につれてきた菓子職人によりマカロンの作り方がフランスへ伝わり、修道院を通じてフランス全土に広まりました。
ギュッとレモンの風味が詰まった酸っぱいレモンカードと、甘いマカロンの組み合わせが抜群です。

レモンのマカロン

直径4cmマカロン20個分
作業60分
焼き時間13分(乾かす時間を除く)

材料
○マカロン生地
　イタリアンメレンゲ
　　卵白　50g
　　グラニュー糖　100g
　　水　15g
　アーモンドパウダー　100g
　粉糖　100g
　卵白　30g
　食用色素(黄色)　3g
ゼラチン入りレモンカード
　レモンカード(P.12)　100g
　粉ゼラチン　1g
　冷水　6g

+ 食用色素を卵白に混ぜる。
+ P.89を参照し、冷水でふやかしたゼラチンを温め、レモンカードに混ぜておく。
+ 紙に直径4cmの円を描き、大きさの指標を作る。紙を天板にのせ、その上にオーブンシートを敷く。

作り方
○マカロン生地
1 P.18-19を参照し、イタリアンメレンゲを作る。
2 別のボウルにアーモンドパウダー、粉糖、食用色素を混ぜた卵白を入れ、ゴムベラで均一になるまで混ぜる。
3 2のボウルにイタリアンメレンゲの⅓を加え、ゴムベラで下からすくうように混ぜる。
4 残りのメレンゲを2回に分けて加え、同様に混ぜる。
5 生地をボウルの側面にすりつけながら混ぜ、メレンゲの泡をつぶし、マカロナージュする。
6 1cmの丸口金をつけた絞り袋に入れ、天板の上に、指標に沿って4cmの大きさに丸く絞る。生地の表面をさわっても指につかないくらいになるまで乾かす。
7 170度のオーブンで3分、140度に下げて10分、マカロンがオーブンシートからきれいにはがれるまで焼き、網の上で冷ます。
8 2枚を1組にし、1枚にゼラチン入りレモンカードを絞り、もう1枚ではさむ。

notes
マカロナージュはメレンゲの泡をつぶし、生地の固さを調節すること。生地の固さはリボン状にたれるまで、ボウルの底をたたくと、たれた生地が平らになるまでを目指しましょう。

オレンジをレモンに代えて苦味と酸味をプラスした、大人なクレープデザートに。

レモンソースのクレープ

2人分(クレープ6枚)
作業30分(休ませる時間を除く)

材料
◉ クレープ生地
　全卵　100g
　グラニュー糖　50g
　薄力粉　95g
　牛乳　315g
オリーブオイル　適量
レモンソース
　グラニュー糖　55g
　レモン汁　90g
　バター　40g
レモンの皮の細切り　適量

作り方
◉ クレープ生地
1 ボウルにほぐした全卵、グラニュー糖、薄力粉の順に入れ、毎回、泡立て器で混ぜたら牛乳を少しずつ加え混ぜ、冷蔵庫で1時間以上休ませる。
2 フライパンにオリーブオイルをひいて温め、お玉1杯分の生地を薄く広げ、キツネ色になるまで両面を焼く。
3 クレープを折りたたみ、皿に盛り、レモンソースをかけ、レモンの皮の細切りをちらす。

notes
レモンソースはたっぷりかけるのがポイント。
アイスクリームや季節のフルーツを添えると華やかなデザートに。

レモンソース
フライパンに分量のグラニュー糖とレモン汁を入れ、ひと煮立ちさせ、バターを加えて溶かす。

サラダやサンドウィッチに塩レモンをのせると、グッと味が深まります。

塩レモンのコンフィ

材料 レモン5個分（できあがり約500g）
国産レモン　5個
岩塩　300g
レモン汁　80g
ローリエ　2枚
クローブ　5粒
熱湯　適量

瓶は5分間、煮沸消毒しておく。
作り方
1 水でレモンを洗い、最後まで切らないように実の真ん中まで十文字に切り込みを入れる。
2 瓶にレモンと塩を交互に入れ、レモン汁を入れる。
3 熱湯をレモンが浸るまで入れ、ローリエ、クローブを加えて蓋をする。
4 冷暗所で1カ月発酵させる。1週間に1度、瓶を閉めたまま大きくふる。

notes
＋賞味期限は3カ月。冷蔵庫で保存する。

レモンノート ❹

パリのカフェ事情 "今と昔"

パリのカフェ社会を築いたのはレモンといっても過言ではありません。

カフェでコーヒーとお茶菓子を楽しむスタイルは、レモネードを売る権利を与えられていたシチリア出身の男性が、レモネード、コーヒー、お茶菓子を販売するお店をパリに開いたことがはじまりだったといわれています。

パリ最古のカフェ、サンジェルマンデプレにある"ル・プロコープ"こそがそのお店であり、いまもカフェ・レストランとしてにぎわいを見せています。

パリの文化に根付いたカフェを巡ることは、私がパリに滞在するときの楽しみの一つでもあり、かつて文豪たちが通った老舗のカフェでエスプレッソを飲むだけでなく、近頃大きく変わりつつある新しいスタイルのカフェを巡るのも、お菓子のインスピレーションを得られる機会になっています。

"保守的な国フランス""フランス人は英語を話さない"とよくいわれますが、現状は随分と変わってきており、店員さんが英語でやさしく対応してくれることも多い。カフェ事情も同じで、サードウェーブ系のコーヒーショップ、スムージーとパンケーキが出てくるおしゃれカフェまで、様々なスタイルのカフェが展開されていて、連日多くのパリジャンでにぎわっています。

そんな新たなスタイルのカフェを巡る理由はやはりスイーツにあり、こぢんまりとしたカフェにもこだわりのスイーツがあるのはフランスならではでしょうか。

つい頼んでしまうのはレモンを使ったお菓子で、グルテンフリーのレモンケーキやイギリス風レモンとポピーシードのショートブレッドなど、家庭でも作っているようなシンプルな食材の焼き菓子にはアイディアが多く、そこで食べたレモンのスイーツは、よくレッスンのメニューに仲間入りします。

レモンがきっかけで誕生したカフェは様々な文化を巻き込み、現在もレモンとともに人々を惹きつけているのです。

フランス、ロワールのアンジュ地方発祥のなめらかなチーズのデザートに、相性のよいレモンカード、
そしてレモンのマリネをトッピングしました。

レモンカードのクレームダンジュ

直径5.5cm×高さ3cmココット6個分
作業20分（冷やす時間を除く）

材料

生クリーム（乳脂肪分45％）　100g
フロマージュブラン（乳脂肪分40％）
　　200g
粉糖　50g
レモン汁　2g
レモンカード（P.12）　30g
レモンのマリネ
　　レモンの果肉　60g
　　粉糖　30g

+ 分量のレモンの果肉を1.5cm角に切り、粉糖と混ぜ合わせ、冷やしておく。
+ ココットにガーゼを敷いておく。

作り方

1 氷水に当てたボウルに生クリームを入れ、すくったクリームがトロリとおち、ゆっくりクリームの跡が消えていくくらいの7分立てまで泡立てる。

2 別のボウルにフロマージュブランを入れ、粉糖を加えてなめらかにし、レモン汁も加え混ぜたら、**1**の生クリームをゴムベラでさっくり混ぜ合わせる。

3 ガーゼを敷いたココットに生地を半分入れ、真ん中にレモンカードをひとすくい加え、さらにココットすりきりまで生地を入れてガーゼでくるみ、冷蔵庫で冷やし固める。

4 ガーゼをはがして器にとりだし、レモンのマリネをトッピングする。

スプーンでひとすくいすると、隠れていたレモンカードが見えます。フロマージュブランを使いましたが、水切りヨーグルトでも代用できます。

レモンをくりぬいた器が可愛らしい、夏に食べたいソルベです。レモン果汁100パーセント、キリッとした酸味を引き立たせました。

レモンのソルベ

レモンの器4個分
作業20分（冷やす時間を除く）
材料
グラニュー糖　60g
水飴　30g
水　120g
レモン汁　120g
レモンの皮のすりおろし　½個分

＋レモンの器を作る→レモン4個を用意。頭の¼をカットして蓋を作り、残りの¾は果肉をスプーンでくりぬく。

作り方
1 鍋にすべての材料を入れ、弱火にかけてグラニュー糖と水飴を溶かす。
2 バットに移し、冷凍庫で凍らせる。
3 凍ったソルベをフードプロセッサーに入れて砕き、レモンの器に入れる。

＋フードプロセッサーがない場合は、冷凍中に何度かソルベをとりだし、フォークで砕く。

レモネードで作る簡単かき氷。レモネードに入れておいたシナモンがほんのり香る、おしゃれな夏のスイーツです。

レモンのかき氷

2人分　作業15分

材料
レモネード(P.110)　120g
かき氷　200g
レモンのスライス　2枚

+ レモンのスライスはレモネード(分量外)に漬けておく。

作り方
1 レモネードを40gずつ、3回に分けてかき氷と交互に器に盛る。
2 上にレモンのスライスをのせる。

notes
練乳をかけてマイルドな味にしても、レモンのマリネ(P.105)をトッピングしても楽しめます。

まろやかな酸味のババロアにレモンのマリネを飾った、酸味と甘みの両方を楽しめるババロア。
グラス仕立てに仕上げました。

レモンのババロア

直径4cm×高さ6cmグラス4個分
作業30分(冷やす時間を除く)

材料
卵黄　40g
グラニュー糖　40g
牛乳　125g
レモンの皮のすりおろし　1個分
┌ 粉ゼラチン　5g
└ 冷水　30g
レモン汁　30g
生クリーム　90g
レモンのマリネ
　　レモンの果肉　60g
　　粉糖　30g
ミントの葉　適量

+ 粉ゼラチンは冷水でふやかし、冷蔵庫に入れておく。
+ 生クリームは氷水に当てたボウルで6分立てに泡立て、冷蔵庫で冷やす。

作り方
1 P.106を参照し、ババロアを作る。
2 グラスに注ぎ、冷蔵庫で冷やし固め、レモンのマリネ、ミントの葉をトッピングする。

レモンのマリネ
1 レモンの皮を白い部分も一緒にむき、袋の内側に包丁を入れ込み、くし形にカットした果肉をとりだす。
2 分量の果肉と粉糖を混ぜ合わせ、よく冷やす。

ババロアの作り方

卵黄に火が入りすぎないように混ぜ続け、生クリームの泡がつぶれないようにさっくりと混ぜるのがポイント

1 ボウルに卵黄とグラニュー糖を入れ、泡立て器で白っぽくなるまですり混ぜる。

2 鍋に牛乳、レモンの皮を入れ、沸騰直前まで中火にかける。

3 2を1のボウルに少しずつ加え、泡立て器で混ぜる。

4 鍋に戻して弱火にかけ、少しとろみがつくまでゴムベラで混ぜながら温める。
notes
卵液に火が入りすぎないよう混ぜ続けます。

5 ボウルに移し、熱いうちにゼラチンを加え溶かし、レモン汁も加え混ぜる。

6 ボウルを氷水に当て、とろみが出て冷たくなるまでゴムベラで混ぜる。

7 6分立てに泡立てた生クリームのボウルに、6を3回に分けて加え、1回目は泡立て器、2回目以降はゴムベラでさっくり混ぜる。
notes
6がボウルの底にたまりやすいのでしっかり混ぜます。

パブロバはオーストラリア発祥のメレンゲを使ったデザート。
メレンゲのかたちをバレリーナ、アンナ・パブロバのチュチュに似せて作った可愛らしいデザートです。
レモンのメレンゲにレモンカードをのせ、ピスタチオをちらし、食後にぴったりのデザートにしました。

レモンのパブロバ

8cm丸型7個分
作業20分（メレンゲを乾燥させる時間を除く）

材料
レモンのメレンゲ
レモンカード（P.12）　100g
ピスタチオ　適量
ブルーベリー　適量

+ レモンのメレンゲはP.35の2倍量を用意。
+ ピスタチオは細かく砕く。

作り方
1 レモンのメレンゲを星口金をつけた絞り袋に入れ、8cmの円にうず巻き状に絞り、外側にもう一巡重ねて絞り、メレンゲの器を作る。
2 90度のオーブンに120分入れ、メレンゲの器を乾燥させる。
3 くぼみにレモンカードをのせ、砕いたピスタチオ、ブルーベリーをちらす。

アイスクリームマシンいらずのメレンゲと生クリームで作るヌガーグラッセ。
ヌガーは、はちみつ風味のメレンゲに、キャラメリゼしたナッツ類や、
ドライフルーツを加えて作るローヌ＝アルプ地方のお菓子。
ヌガーをベースに氷菓にし、レモン型に入れて固めたひんやりスイーツです。

レモンのヌガーグラッセ

9cm×6.5cm レモン型 6 個分
作業30分（冷やす時間を除く）

材料

- ヌガーグラッセ
    メレンゲ
      卵白　40g
      はちみつ　80g
    生クリーム　200g
    グラニュー糖　65g
    レモンの皮のすりおろし　1個分
    レモンピール（P.68）　20g
  レモンピール（P.68）　適量
  ミントの葉　適量

＋生地に入れるレモンピールは5mm幅に切る。
＋トッピングのレモンピールは細かく刻む。

作り方

1 メレンゲを作る。
卵白をハンドミキサーで跡がつくまで高速で泡立てたら、110度に熱したはちみつを糸をたらすように加えながら混ぜる。2分ほど、角が立つまで泡立てたら、常温になるまで冷蔵庫に入れて冷ます。

2 別のボウルに生クリームとグラニュー糖、レモンの皮を入れ、氷水に当てながら8分立てまで泡立てる。

3 メレンゲを2回に分けて2に加え、ゴムベラでさっくり混ぜ合わせる。

4 レモンピールも加え混ぜる。

5 レモン型にすりきりまで生地を入れ、表面をならし、冷凍庫で冷やし固める。

6 型から外し、皿に盛り、レモンピールとミントの葉をトッピングする。

notes

湯をはったボウルにレモン型を一瞬つけると、ヌガーグラッセをきれいに型から外すことができます。ココットやパウンド型に入れて冷やしてもOKです。

五分でできる簡単自家製レモネード。夏は炭酸水と、冬はホットレモネードに。お好みでハーブなどを入れるとバリエーションが広がります。

レモネード

材料 4人分
国産レモン　4個
グラニュー糖　120g
はちみつ　60g
シナモンスティック　1本
クローブ　5粒

瓶は5分間、煮沸消毒しておく。

作り方

1 水洗いしたレモンをスライスし、グラニュー糖、はちみつをレモンと交互に瓶に詰め、シナモンスティックとクローブを入れて蓋をする。

2 砂糖が溶けるまで冷暗所に置き、時々、瓶を大きくふり、砂糖を溶かす。

notes
+ グラニュー糖が溶けたら、冷蔵庫で保存する。
+ 賞味期限は約3週間。
+ グラニュー糖は甜菜糖や上白糖でも代用可。
+ 飲み方：夏は炭酸水や水で薄めて飲む。ミントやパクチーなどハーブを一緒に入れてもOK。冬はお湯で割ってホットレモネードに。ともに4倍に薄めます。

レモンノート ❺

地中海のレモン

レモンの活用方法は無限大。

お菓子に、料理に、お酒に…、地中海、そしてアラブの国々はレモンを最大限に利用している地域かもしれません。

地中海沿岸の街に行くと、まさにそこはレモンの宝庫。バカンス時の海岸沿いには、アイスクリームが発展するよりも前から親しまれている氷菓"グラニータ"を売るお店が並び、夏の暑さに、爽やかなレモンのグラニータが飛ぶように売れているのを目にします。

海沿いのカフェのテラスでアペリティフを！

からっと乾燥した気候に、明るいうちから時間があくと、食前酒として一杯飲んでいたのがレモネードとビールを合わせた"パナシェ Panaché"というお酒。アルコール度数も低くなり、フランスの若者に人気のビールです。

ニースからイタリア方面へ向かうと、フランスとイタリアとの国境の町"マントン"に。ここはレモンの町と呼ばれています。

毎年収穫を祝うレモン祭りが2月に開催され、ここでのお土産にはリモンチェッロの小瓶が喜ばれそうです。スピリタスにレモンの香りを移し、シロップをたしたお酒"リモンチェッロ"は、自家製で作る家も少なくないようです。

インドで育ったシトロンは、イスラム教徒のアラブ人により地中海に広まったといわれています。彼らはレモンを塩水につけて保存し、肉や魚にかけてマリネするなど、レモンを料理に利用していました。その様子を見てとれるのがモロッコの料理で、モロッコへ行くと塩レモンが大活躍しています。

定番料理タジンには、塩レモンと鶏肉の組み合わせをよく目にし、レモンには肉の臭みをとる効果があるとして重宝されています。

味覚と嗅覚を刺激し、お菓子だけでなく料理、そして飲み物にまで活用できるレモンの使い方は、地中海の国々の文化とともに進化していったのでしょう。

レモンと相性抜群の鶏肉で作るキッシュ。トマト、レモン、ディルもちらし、見た目も鮮やかなキッシュに。

レモンとチキンのキッシュ

15cmタルト型1台分
作業40分
焼き時間50分（休ませる時間を除く）

材料
- ブリゼ生地
  - ◆薄力粉　50g
  - ◆強力粉　50g
  - バター　50g
  - 塩　ひとつまみ
  - 冷水　20g
  - 全卵　15g
- アパレイユ
  - 鶏胸肉　100g
  - 塩胡椒　少々
  - 玉ねぎ　½個
  - ディル　5束
  - a ┌ 全卵　1個
      │ 卵黄　1個
      │ 牛乳　80g
      │ 生クリーム　50g
      └ 粉チーズ　30g
  - レモンのスライス　4枚
  - プチトマト　3個
  - ディル　適量
  - オリーブオイル　適量

+ バターは1cm角に切る。
+ バター、粉類◆は冷蔵庫で冷やしておく。
+ 鶏肉は一口大に切る。
+ 玉ねぎ、アパレイユに入れるディルはみじん切りにし、トマトとレモンのスライスは4等分にカットする。

作り方
○ブリゼ生地
1 フードプロセッサーに粉類◆、バター、塩を入れ、バターが米粒大になるまで砕く。
2 冷水と全卵を少しずつ加え混ぜ、生地をまとめる。
3 生地を長方形にまとめ、半分に切り、上に重ねる。この作業を2回繰り返して層を作り、ラップで包んで、冷蔵庫で2時間以上休ませる。
4 生地を麺棒で2mmの厚さに丸くのばし、型に敷きこみ、フォークで底に穴をあける。
5 タルトストーンをのせ、190度のオーブンで15分、タルトストーンを外して190度で10分、生地の底がキツネ色に色づくまで焼き、型に入れたまま網の上で冷ます。

notes
フードプロセッサーがない場合は、P.14を参照し、バターと粉類を指ですり混ぜます。

○アパレイユ
6 フライパンにオリーブオイルを入れ、鶏肉を加えて火を通し、塩胡椒し、別に取り置く。
7 玉ねぎ、ディルもオリーブオイルでしんなりするまで炒める。
8 ボウルにaの材料を入れて混ぜ、玉ねぎとディルを加え混ぜ、空焼きしたタルトに流し込む。
9 鶏肉、レモンのスライス、プチトマト、ディルをちらし、190度のオーブンで25分、アパレイユが固まるまで焼く。

ライ麦パンの上にチーズや野菜、魚介類を盛りつける北欧風オープンサンドウィッチ"スモーブロー"は、朝食に食べたい一品です。サーモンと相性のよい、塩レモンのコンフィを合わせました。

レモンのスモーブロー

2人分　作業15分

材料
ライ麦パン　2枚
バター　適量
クリームチーズ　50g
刺身用サーモン　6枚
塩レモンのコンフィ（P.96）　4枚
紫玉ねぎ　¼個
ラディッシュ　2本
ディル　適量
レモンドレッシング
　レモン汁　15g
　塩胡椒　少々
　オリーブオイル　15g

+ サーモンは薄くスライスして塩をふり、冷蔵庫で冷やし、使う前に水洗いして臭みをとる。
+ 紫玉ねぎはスライスして水にさらしておく。
+ ラディッシュはスライス、塩レモンのコンフィは薄くスライスし、さらに4等分にカットする。

作り方
1 ライ麦パンをトーストし、バター、クリームチーズを塗り、水気をきったサーモン、塩レモンのコンフィ、紫玉ねぎ、ラディッシュを盛りつけ、ディルをちらす。
2 上からレモンドレッシングをかける。

notes
お好みのカラフルな具材を合わせて盛りつけると、組み立てる最中も楽しい時間になりそうです。

レモンドレッシング

分量のレモン汁、塩胡椒をボウルに入れてなじませ、オリーブオイルを混ぜる。

フランスではホームパーティが頻繁に開かれ、招かれた人は手土産を持っていくのが習慣です。
私が招かれた知人のバースデイパーティでも、フランス人マダムが
できたての塩系パウンドケーキ"ケークサレ"を持ってキッチンに現れたのが印象的でした。
今回はカットする手間が省けるように、マフィン型で作りました。

レモンのケークサレ

直径6cm×高さ4cm マフィン型10個分
作業30分　焼き時間30分

材料
- 生地
  - 玉ねぎ　1個
  - にんにく　1かけ
  - ベーコン　50g
  - ズッキーニ　½本
  - 全卵　2個
  - 粉チーズ　40g
  - オリーブオイル　50g
  - 牛乳　70g
  - レモン汁　10g
  - 塩胡椒　各小さじ¼
  - パプリカ　½個
  - ◆薄力粉　120g
  - ◆ベーキングパウダー　5g
- レモン　½個
- オリーブオイル　適量

＋ベーコンは1cm幅に切る。
＋玉ねぎ、にんにくはみじん切りにする。
＋ズッキーニは5mm幅、パプリカは1cm幅に切る。
＋レモンは薄くスライスする。
＋型にグラシンカップをセットする。

作り方
1 フライパンにオリーブオイルを入れ、玉ねぎとにんにくをあめ色になるまで弱火で炒め、火からおろして冷ます。
2 ベーコンは色づくまで炒め、冷ます。
3 フライパンにオリーブオイルを入れ、ズッキーニをさっと炒め、冷ます。
4 ボウルに全卵、粉チーズ、分量のオリーブオイル、牛乳、レモン汁、塩胡椒を入れて、泡立て器で混ぜる。
5 冷ました1、2、3とパプリカを加え混ぜる。
6 粉類◆を入れ、ゴムベラでさっくり混ぜ合わせ、生地を型の8分目まで流し込み、レモンのスライスをちらす。
7 180℃のオーブンで30分、竹串をさしても生地がつかなくなるまで焼き、型から外し、網の上で冷ます。

ふわふわのオムレツに熱々のレモンバターソースをかけます。まろやかな卵とレモンの酸味が絶妙です。

レモンオムレツ

2人分　作業20分

材料

全卵　3個
牛乳　45g
レモンの皮のすりおろし　1個分
塩胡椒　適量
バター　15g
レモンバターソース
　レモン汁　7g
　水　45g
　バター　45g
　塩胡椒　適量
レモンのスライス　2枚

作り方

1 ボウルに全卵、牛乳、レモンの皮、塩胡椒を入れ、よく溶きほぐす。
2 フライパンを中火で熱し、バターを溶かし、1を入れる。
3 菜箸で半熟になるまでかき混ぜたら、フライパンの片側に寄せて形を整え、10秒ほど焼く。
4 皿に盛りつけ、温かいレモンバターソースをかけ、レモンのスライスをのせる。

レモンバターソース

鍋に分量のレモン汁と水を入れ、沸騰するまで煮詰める。
バターを入れて溶かし、塩胡椒を加え、レモンのスライスも加えてさっと温める。

魚の臭みを和らげる働きもあるレモン。パプリカとベビーリーフで色鮮やかなサラダに仕上げました。

塩レモンと鯛のカルパッチョサラダ

2人分　作業15分

材料
野菜(ベビーリーフ、ロケット、トレビスなど)　100g
鯛(刺身用)　200g
塩レモンのコンフィ（P.96）　10g
パプリカ(赤・黄)　10g
ディル　少々
塩胡椒　少々
レモンドレッシング
　レモン汁　15g
　白ワインビネガー　15g
　塩胡椒　少々
　オリーブオイル　15g

+ 鯛はそぎ切りにし、塩胡椒をふり、5分ほどおいてなじませる。
+ 塩レモンのコンフィとパプリカは5mm角に切る。
+ 野菜は冷水につけてぱりっとさせる。

作り方
1 ボウルに水気をきった野菜、鯛、塩レモンのコンフィ、パプリカ、ディルを入れ、塩胡椒する。
2 レモンドレッシングと和え、皿に盛る。

レモンドレッシング
分量のレモン汁、白ワインビネガー、塩胡椒をボウルに入れてなじませ、オリーブオイルを混ぜる。

アルザスの郷土料理"タルトフランベ"は、パリパリの薄焼き生地とフロマージュブランの酸味が印象的。
今回はサワークリームを使い、相性のよい塩レモンのコンフィも加えて作りました。
ごはん前のアペリティフに、できたての熱々をみんなで分けあって食べるのも楽しみの一つとなりそうです。

レモンのタルトフランベ

20cm×25cm 長方形 1 枚分
作業 15 分
焼き時間 10 分（休ませる時間を除く）

材料
- 生地
  - ◆強力粉　50g
  - ◆薄力粉　50g
  - 水　50g
  - オリーブオイル　10g
  - 塩　ひとつまみ
- トッピング
  - サワークリーム　80g
  - 生クリーム　20g
  - 玉ねぎ　¼個
  - ベーコン　50g
  - 塩レモンのコンフィ（P.96）20g
  - 塩胡椒　適量

ベビーリーフ　適量

+ サワークリームと生クリームを混ぜ合わせてなめらかにする。
+ ベーコンは5mm幅に切る。
+ 玉ねぎ、塩レモンのコンフィは薄切りにする。
+ 天板にオーブンシートを敷く。

作り方

1 ボウルに粉類◆を入れ、水、オリーブオイル、塩を加え、ゴムベラで混ぜる。
2 生地がなじんできたら手でこね、ひとつにまとめて表面に分量外のオリーブオイルを塗り、ボウルの上からラップをして常温で10分休ませる。
3 麺棒で20×25cmの長方形に薄くのばし、天板にのせる。
4 混ぜ合わせたサワークリームと生クリームを塗り、玉ねぎ、ベーコン、塩レモンのコンフィをのせ、塩胡椒をふる。
5 240度のオーブンで10分ほど、焼き色がつくまで焼き、皿に盛り、ベビーリーフをちらす。

notes
レモンのスライスをのせ、仕上げにはちみつをかけてもおいしい。
簡単に作れてアレンジも自在です。

パリからポルトガルに旅行した際、どのお店にもおいしいスープがおいてありました。
現地の人はスープを飲んでから前菜を食べはじめるのが習慣なのだそうで
具だくさんのレモンのスープに、私のおなかもほっこり満たされていきました。

レモンのスープ

4人分
作業20分　煮込み時間25分
材料
オリーブオイル　30g
人参　1本
セロリ　1本
玉ねぎ　½個
固形ブイヨン　1個
湯　750g
塩胡椒　各小さじ¼
ハーブ（セージなど）　適量
レモン汁　10g
大麦　30g
鶏のささみ　1本
レモンのスライス　4枚

+ 人参、セロリ、玉ねぎは1cm角に切る。
+ ブイヨンを分量の湯で溶かしておく。
+ 大麦はゆでてザルにあげる。
+ ささみはアルミホイルに包み、オーブントースターで10分火を入れる。

作り方
1 鍋にオリーブオイル10gを熱し、人参、セロリ、玉ねぎをしんなりするまで5分ほど炒める。
2 湯で溶かしたブイヨンを入れ、塩胡椒、ハーブ、レモン汁も加え、中弱火で20分煮る。
3 ゆでた大麦、ほぐしたささみも入れ、オリーブオイルの残りを加え、さらに5分ほど煮込む。
4 皿に盛り、レモンのスライスをのせる。

notes
大麦はたっぷりの湯でゆでるだけ。丸麦、押し麦、もち麦のどれを使ってもおいしく、ヘルシーです。

パリのレモン散策

パリはいつもインスピレーションを与えてくれます。

レモンの旅はこれからも続きます。

加藤里名 かとうりな
洋菓子研究家。
1988年、東京に生まれる。聖心女子大学卒業。監査法人に勤務の傍ら"イル・ブルー・シュル・ラ・セーヌ"にてフランス菓子を学び渡仏。"ル・コルドン・ブルー・パリ"の菓子上級コースを卒業後、パリのパティスリー"ローラン・デュシェーヌ"にて研修。2015年より東京・神楽坂にてフランス菓子をベースとした"洋菓子教室 Sucreries（シュクレリ）"を主宰。父を大阪寿司の職人に、母を洋菓子研究家に持ち、幼少のころよりヨーロッパの食文化に触れる。現在も定期的にフランス各地を訪れ、本場で得た豊富な食味体験を自身のお菓子づくりにフィードバックし続けている。「ELLE Gourmet」フードクリエイター部所属。カフェレストランへのレシピ提供やジュエリーブランドへの焼き菓子提供等精力的に活動中。
HP：https://www.rina-kato-sucreries.com
Instagram@rinakato_sucreries

ブックデザイン　縄田智子　L'espace
写真　竹内章雄　加藤里名（P.8, P.126-127）
スタイリング　高橋みどり
イラスト　鬼頭亜実　amikito.sketch
編集　武内千衣子　ラマンブリュス

制作協力　久下真希子、小林里佳子、SAWAKO、宮前一美

材料・道具提供
広島県果実農業協同組合連合会
紀州農業協同組合

タカナシ乳業株式会社
〒241-0023 神奈川県横浜市旭区本宿町5番地
http://www.takanashi-milk.co.jp

貝印株式会社
〒101-8586 東京都千代田区岩本町3-9-5
https://www.kai-group.com

知っておきたい味・色・かたち。タルトからクッキー、スイーツまで。

レモンのお菓子づくり

2019年4月15日　発行　　　　　　NDC596
2023年5月1日　第4刷

著　者　　加藤里名
発行者　　小川雄一
発行所　　株式会社 誠文堂新光社
　　　　　〒113-0033 東京都文京区本郷3-3-11
　　　　　TEL 03-5800-5780
　　　　　https://www.seibundo-shinkosha.net/

印刷・製本　株式会社 東京印書館

©2019, Rina Kato.
Printed in Japan

検印省略
禁・無断転載

落丁・乱丁本はお取り替え致します。

本書のコピー、スキャン、デジタル化等の無断複製は、著作権法上での例外を除き、禁じられています。本書を代行業者等の第三者に依頼してスキャンやデジタル化することは、たとえ個人や家庭内での利用であっても著作権法上認められません。

JCOPY〈(一社)出版者著作権管理機構 委託出版物〉
本書を無断で複製複写（コピー）することは、著作権法上での例外を除き、禁じられています。本書をコピーされる場合は、そのつど事前に、(一社)出版者著作権管理機構（TEL 03-5244-5088/FAX 03-5244-5089/e-mail:info@jcopy.or.jp）の許諾を得てください。

ISBN978-4-416-51975-2